Risikomanagement

mit

Unternehmensleitbildern

Inhaltsverzeichnis

Herstellung und Verlag:
BoD - Books on Demand, Norderstedt
ISBN 978-3-7357-2453-3

Abbildungsverzeichnis

Abkürzungsverzeichnis

Abb.   Abbildung

BaFin   Bundesanstalt für Finanzdienstleistungsauf-
            sicht

BCM   Business Continuity Management

CSR   Corporate Social Responsibility

EHSS   Environment, Health, Safety, Security

FN   Fußnote

GWG   Geldwäschegesetz

IKS   Internes Kontrollsystem

KR   Kreditrisiko

KMU   Kleine und mittelständische Unternehmens

KWG   Gesetz über das Kreditwesen

LIBOR   London Interbank Offered Rate

LR   Liquiditätsrisiko

MaComp   Mindestanforderungen an Compliance

MaRisk   Mindestanforderungen an das Risikomanage-
            ment

MR	Marktpreisrisiko
OpRisk	Operationelle Risiken
WpHG	Wertpapierhandelsgesetz
WZGE	Wittenberg-Zentrum für Globale Ethik

I   Hinführung und Begrifflichkeiten

Unternehmen haben Corporate Social Responsibility (CSR) als Instrument des Risikomanagements bereits seit geraumer Zeit für sich entdeckt. Sie subsumieren darunter die unterschiedlichsten Maßnahmen, die alle auf ein und dasselbe Ziel gerichtet sind: auf die Reputation des Unternehmens. CSR und Reputation sind aber nur eine *Verbindung* zwischen *Unternehmensethik* und dem *Umgang mit Risiken*. Ein anderer, wissenschaftlich bislang noch kaum bearbeiteter Aspekt ist die Frage, wie ein Unternehmensleitbild zum Management von Risiken beitragen kann.

Das Management von Risiken mit dem Unternehmensleitbild zu verbinden, ist ein *Effizienzthema*. Viele Unternehmen nutzen ein Leitbild – und alle Unternehmen betreiben (mal explizit, mal eher implizit) Risikomanagement. Wenn sich ein Unternehmen also entschließt, sich ein Leitbild zu geben, kann dies mit wenigen Justierungen zusätzliche positive Auswirkungen haben, deren sich die Initiatoren selten bewusst sind. Dies ist besonders für Unternehmen aus der *Finanz- und Versicherungswirtschaft* von Interesse. Über kaum eine Branche wurde im Zusammenhang mit dem Thema Vertrauen in den letzten Jahren so sehr diskutiert wie über die Finanz- und Kreditwirtschaft (u. a. in Malcher, 2011).

Die Branche selbst hat das Problem inzwischen erkannt und Vertreter geben Vertrauensverlust offen zu (Jost & Seibel, 2012). Die Gründe für den *Vertrauensverlust* sind teils personenbezogen, teils aber durchaus strukturell. Fehlinvestitionen im amerikanischen Subprime-Markt, als überzogen wahrgenommene Vergütungen und Abfindungen für Mitarbeiter, Folgeeffekte für die gesamte Wirtschaft aufgrund der strukturellen Schwierigkeiten der Branche sowie massive Staatshilfen sind gängige Assoziationen gegenüber Banken. Kernaufgabe des Risikomanagements ist, diese Themen strukturell anzugehen, um zukünftig Derartiges zu vermeiden. Hierzu können Anregungen aus dem Forschungsfeld der Wirtschaftsethik beitragen.

1.1 Erkenntnisobjekt

Die vorliegende Arbeit untersucht folgende *These:*

Ein Unternehmensleitbild ist ein Instrument zum Management operationeller Risiken. Indem es das menschliche Handeln positiv beeinflusst, kann es die Schäden verringern, die aus dem Handeln aller Mitarbeiter resultieren. Auf relevante Inkonsistenzen ist unter Risikomanagementgesichtspunkten besonders zu achten, da sie aus positiven Absichten negative Effekte potenziert erzeugen.

Diese These lässt sich in einzelne *Hypothesen* zerlegen, die in vorliegender Arbeit abschnittsweise untersucht werden:

1. *Es gibt eine Schnittmenge zwischen dem Wirkungsbereich eines Leitbilds und dem Management von Risiken. Diese Schnittmenge sind die sogenannten operationellen Risiken.*

2. *Da sich die in der Schnittmenge befindlichen Themen hinreichend genau identifizieren lassen, können die Inhalte eines Leitbilds konkret darauf bezogen werden und so risikomindernd wirken.*

3. *Diese Risikominderung kann nur einsetzen, wenn die im Leitbild verankerten Inhalte auch tatsächlich gelebt werden – sonst wird ein Unterschied zwischen Anspruch und Wirklichkeit gegebenenfalls auch für Dritte sichtbar. Das zu mindernde Risiko würde nicht nur nicht gemindert, sondern vor allem*

das Reputationsrisiko signifikant gesteigert. Konsequenz: Das
Vertrauen in das Unternehmen erodiert.

Anders ausgedrückt: Welche Art von Risiken können mit einem Leitbild gemanagt werden? Wie kann das geschehen? Welche Ergebnisse können erwartet werden? Welche Fehler sind aus welchen Gründen unbedingt zu vermeiden?

1.2 Methode und Methodenkritik

Zu jeder Hypothese werden (wissenschaftliche) Publikationen ausgewertet, um auf dieser Basis grundsätzliche Überlegungen anzustellen. Diese Überlegungen werden dann auf verschiedene Praxisbeispiele angewandt, die so weit wie möglich aus dem Umfeld von Finanz- und Kreditinstituten stammen. Damit finden *hermeneutische, heuristische* und mit Einschränkungen *empirische Methoden* Anwendung.

Als *Kritik* kann erhoben werden, dass die Beispiele nicht konsequent aus dem Umfeld eines einzigen Unternehmens stammen oder — was noch höheren Erkenntnisgewinn verspräche — in einer vergleichenden Studie eine Vielzahl von Unternehmen behandeln. Beide Ansätze sind für eine wissenschaftliche Untersuchung des Themas geeignet. Im Folgenden wird jedoch aus drei Gründen darauf verzichtet. Einerseits bietet ein einzelnes Unternehmen nicht die Gewähr, alle wesentlichen Aspekte des Themas auch tatsächlich mit einem Fallbeispiel illustrieren zu können. Selbst wenn das zuträfe, stellte sich immer noch die Frage der Repräsentativität. Gleichzeit überstiege eine vergleichende Untersuchung den Umfang, den die vorliegende Arbeit erreichen darf. Sie könnte sich daher lediglich auf eine einzelne Facette beziehen, was den Nutzwert erheblich reduzieren würde. Zu guter Letzt ist ein in der Wissenschaft nicht immer willkommener, in der Praxis der Unternehmen aber höchst relevanter Umstand zu nennen: Vertraulichkeitserfordernisse und Verschwiegenheitspflichten. Dies schränkt den Spielraum für Forschung, mehr aber noch für Publikation, erheblich ein.

Eine *unternehmensübergreifende Auswahl an Praxisbeispielen* bietet einerseits die Gewähr, alle wesentlichen Aspekte illustrieren zu können. Andererseits erhöht sie das Maß an Repräsentativität zumindest bis zu einem gewissen Grad. Schließlich ermöglicht sie den betreffenden Unternehmen, anonym zu bleiben (frei recherchierbare Fälle ausgenommen), und hebt so die Einschränkungen für Forschung und Publikation auf. Dennoch ist Vorsicht geboten, will man die aus den Praxisbeispielen gewonnenen Erkenntnisse ohne Weiteres extrapolieren und auf die Kreditwirtschaft insgesamt, beliebige Teilmengen oder ganz andere Branchen anwenden. Dazu sind die einzelnen Unternehmen trotz allem zu unterschiedlich. Die Beispiele können (und sollten) aber fraglos branchenübergreifend als Ausgangspunkt für Überlegungen dienen, welche Konsequenzen sich für das eigene Handeln aus den Beobachtungen ergeben können.

An verschiedenen Stellen behandelt die Arbeit die Frage, inwieweit unterschiedliche Konzepte, Eigenschaften und/oder Überlegungen Schnittmengen zueinander aufweisen. Um derartige mengenlogische Zusammenhänge zu veranschaulichen, finden *Venn-Diagramme* Anwendung. Die Darstellung der Diagramme folgt Salmon (1983, S. 121-140).

1.3 Forschungsstand und Quellenlage

Der *Einfluss von Vertrauen auf Geschäftsbeziehungen* wurde in den letzten Jahren zunehmend als Forschungsgegenstand entdeckt, unter anderem von Suchanek (2008[1]; 2012; gemeinsam mit Broock, 2011).[2] Er schlägt die Brücke von Ver-

---

[1] Suchanek (2008) enthält keine Paginierung. Daher orientieren sich sämtliche Referenzen an einem DIN A4-Ausdruck der zugrundliegenden pdf-Datei.

[2] Vgl. ebenso u. a. Dr. Werner Jackstädt Chair of Economic and Busines Ethics (2012); Suchanek ist der Inhaber des Lehrstuhls. Reinmuth (2009) und Meyer (2010) bieten praxisnahe Untersuchungen, wenn auch in letzterem Fall nur bedingt wissenschaftlich.

trauen als Grundlage für Kooperationen zwischen einzelnen Akteuren hin zur Funktion von *(Unternehmens-)Leitbildern.* Saez (2012) untersucht mit Blick auf die Anlageberatung die Bedeutung, die Vertrauen in der Kooperationsbeziehung zwischen Banken und ihren Kunden hat, und wie verschiedene Friktionen und Informationsasymmetrien darauf wirken. In diesem Kontext stellt er auch die Verknüpfung zur Reputation der Bank her. Wohl bedingt durch den Fokus der Arbeit – Kunden und Anlageberatung – thematisiert er eine (vielleicht sogar die) wesentliche Wirkung der Reputation erst gar nicht: die Auswirkungen auf die Fähigkeit, sich unter anderem an den Kapitalmärkten oder über Kundeneinlagen zu refinanzieren.

Die *Risikoforschung* ist mittlerweile interdisziplinär gut etabliert. Ausgehend von den technikgetriebenen Risikodiskursen der 1980er und 1990er (Beck, 1986; Perrow, 1987; von Cube, 1990; Jungermann & Wiedemann, 1990; Luhmann, 1991; Bechmann, 1993; Otway & Wynne, 1993; Bonß, 1995) wurden insbesondere die Wahrnehmung technischer, zunehmend aber auch sozialer oder sogenannter *Neuer Risiken* (u. a. Kaschner, 2008) und die Kommunikation darüber untersucht.

Vor allem *an ökonomischen Zielsetzungen ausgerichtetes Risiko-management* ist gerade in den USA intensiv erforscht; Hedging ist hier nur ein möglicher Ansatz (u. a. Jin & Jorion, 2006, aber auch Gates & Nantes, 2006 sowie Nocco & Stulz, 2006). Derartige immer komplexer werdende statistisch-mathematische Modelle (ökonomischen) Risikomanagements haben dazu beigetragen, dass es mit Nassim Nicholas Talebs „Der schwarze Schwan" (Taleb, 2007) schließlich sogar eine Kritik derselben in die Beststellerlisten geschafft hat.

2 Leitbild und Risikomanagement

Was ist ein Leitbild und wozu dient es? Welche Funktion hat es nach innen, welche nach außen? Was ist ein Risiko? Was bedeutet Risikomanagement? Diese Fragen sollen zum besseren Verständnis der vorliegenden Arbeit einleitend beantwortet werden.

2.1 (Unternehmens-)Leitbild

In einem *Leitbild* macht sich nach Suchanek (2008) eine Organisation jenseits regulatorischer Vorgaben und gesetzlicher Auflagen bestimmte *Werte* explizit zu eigen und kommuniziert diese damit offen nach außen und innen. Nach außen soll dies die Organisation als einen Partner darstellen, der zu Kooperation nicht nur bereit, sondern auch fähig ist – es soll also vertrauensbildend wirken. Nach innen soll das Leitbild *Orientierung* geben und *Identität* stiften.

Suchanek (2008, S. 10) zufolge formuliert das Leitbild einer Organisation „das grundlegende Selbstverständnis ihrer Mitglieder, insbesondere die Zielsetzung der Organisation und grundlegende Werte oder Prinzipien im Hinblick auf die Umsetzung dieser Ziele." Damit ist es ein *generalisiertes Verspre-*

chen einer allgemeinen Haltung.[3] Ein Versprechen, d. h. die verbindliche Zusage einer Handlung durch einen Akteur, stellt wiederum eine der Grundformen individueller Selbstbindung dar. Das Leitbild ist im Gegensatz dazu ein Instrument kollektiver Selbstbindung. Selbstbindung greift in den Reputationsmechanismus ein und signalisiert Vertrauenswürdigkeit in glaubwürdiger Weise, und zwar, da ein Leitbild eine spezifische Form der Kommunikation[4] darstellt. Letzten Endes bedeutet dies, dass ein Unternehmen Verantwortung[5] für bestimmte Handlungsfelder übernimmt und sich auf selbst gewählte Normen und Standards verpflichtet. Das Set dieser Normen und Standards wird schließlich im Leitbild festgehalten. *Verantwortung* und verantwortliches Handeln wiederum müssen *anreizkompatibel*[6] sein und vor allem Führungskräfte

---

3   Dies wird besonders anhand WZGE (2010) deutlich. Im „Leitbild für verantwortliches Handeln in der Wirtschaft" verpflichten sich 43 deutsche Unternehmen und vier Organisationen auf überprüfbare Standards.

4   Suchanek (2008, S. 2) bezeichnet Kommunikation als „eine der zentralen Funktionen von Leitbildern".

5   Suchanek (2008, S. 6 f.) zufolge besteht Verantwortung „darin, die eigene Freiheit so zu nutzen, dass damit die Bedingungen der künftigen Freiheit erhalten bzw. verbessert und nicht zerstört werden."

6   Anreizkompatibel meint, dass die Verantwortung mit dem Eigeninteresse vereinbar sein muss.

müssen verstehen, „dass, warum und in welcher Weise sie Verantwortung tragen" (Suchanek 2008, S. 6).

Diese Verantwortung wird unter bestimmten *Handlungsbedingungen* wahrgenommen. Dazu zählen Suchanek (2008, S. 4) zufolge auch *Handlungsspielräume*, die ein Verantwortungsträger aufgrund des ihm von seinem Umfeld *entgegengebrachten Vertrauens* genießt. Je höher das Vertrauen, desto höher die Freiheitsgrade und die Kooperationsbereitschaft. Dadurch wird es essenziell, die Verantwortung so auszuüben, dass das Vertrauen und damit die Freiheitsgrade für zukünftige Interaktionen erhalten bleiben. Die Verantwortung zum Nachteil Dritter zu missbrauchen, gefährdet unweigerlich die eigenen Freiheitsgrade. Dies illustriert nachfolgendes Schaubild:

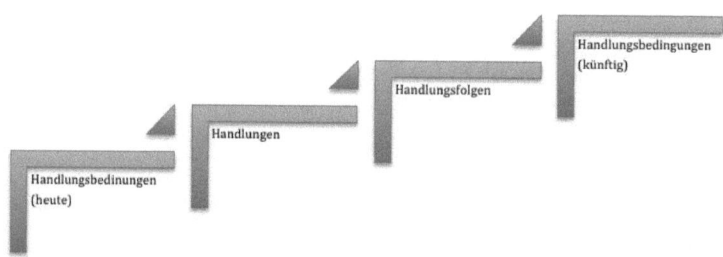

Abb. I: Bedingungen des Handelns (angelehnt an Suchanek, 2008)

Es wird deutlich: Die heutigen Handlungsbedingungen beeinflussen unsere Handlungen, während unsere Handlungen spezifische Folgen haben, die ihrerseits die künftigen Handlungsbedingungen definieren. Aus dieser Überlegung heraus beschreibt Suchanek (2008, S. 4) eine Art *goldener Regel* (nicht nur wirtschaftlicher) Interaktion: „Investiere in die Bedingungen der gesellschaftlichen Zusammenarbeit zum gegenseitigen Vorteil!" Besonders wichtig sind dabei Investitionen, die das wechselseitig entgegenbrachte Vertrauen stärken.

Ein Leitbild ist, Suchanek weiter folgend, eine *Investition in die Bedingungen der gesellschaftlichen Zusammenarbeit* und damit ein Instrument, mit dem Unternehmen Vertrauen sowohl unternehmensintern als auch extern schaffen wollen. Mit Blick auf externe Akteure folgen sie damit einer weiteren Erkenntnis Suchaneks (2012, S. 55): „Niemand arbeitet freiwillig mit einem Unternehmen zusammen, das er als nicht vertrauenswürdig ansieht." Doch diese Perspektive ist nicht vollständig, denn auch innerhalb eines Unternehmens spielt Vertrauen eine wesentliche Rolle. Auch wenn Suchanek (2012, S. 55) nicht unbedingt die Mitarbeiter des jeweiligen Unternehmens im Blick zu haben scheint, kann man ihm in Folgendem doch ohne wesentliche Einschränkung zustimmen:

„Und sollte man doch einmal darauf angewiesen sein, wird man versuchen, sich so weit wie möglich abzusichern und zurückhaltend sein mit dem Einbringen eigener Leistungen." Akzeptiert man dies als axiomatisch, dann lässt sich daraus ein positives Verhältnis zwischen dem Maß an Vertrauen und der Kraft zur Wertschöpfung eines Unternehmens ableiten.

2.2 Risikomanagement

Risikomanagement beschreibt eine Weise des *Umgangs mit Unsicherheit*. Gerade angesichts der heutigen Komplexität und der damit ständig einhergehenden Unsicherheit ist es wichtig, Ansätze zu finden, dieser Unsicherheit gerecht zu werden. Dazu können sowohl qualitative als auch quantitative Methoden beitragen (Sargut & McGrath, 2011). Auch wenn die Begriffe „*Risiko*" und „*Gefahr*" beide im Englischen unter dem Begriff *uncertainties* – im Deutschen am besten mit dem Ausdruck „Ungewissheiten" übersetzt – subsumiert werden, gibt es doch wesentliche Unterschiede (Bonß, 1995, S. 35-61). Kombiniert man die Ansichten von Bonß (1995, S. 35-61, S. 301, FN 407) und Luhmann (1993, S. 160 f.), dann ist ein *Risiko* – im Unterschied zur Gefahr – eine *Ungewissheitssituation mit entweder positivem oder negativem Ausgang*, die aus

menschlichem Handeln[7] resultiert, einem Verursacher zugeordnet werden kann[8] und aus dessen subjektiver Perspektive
heraus handhabbar ist. Anders ausgedrückt: Ein Risiko besitzt
immer eine aktive Komponente und ist neben der Möglichkeit eines negativen Ausgangs gleichzeitig durch eine gewinn-
versprechende Chance gekennzeichnet. Die Gefahr hingegen
ist eine passive Erfahrung mit ausschließlich negativen Konsequenzen.

Die Abgrenzung und die *Schnittmenge* von uncertainties, Risiko und Gefahr lassen sich auch grafisch darstellen:

---

[7] Hier ist bewusst vom menschlichen und nicht vom sozia-
len Handeln im Weber'schen Sinne die Rede. Max Weber
(1976) definiert soziales Handeln wie folgt: „Soziales'
Handeln aber soll ein solches Handeln heißen, welches
seinem von dem oder den Handelnden gemeinten Sinn
nach auf das Verhalten anderer bezogen wird und daran in
seinem Anlauf orientiert ist" (S. 8; Hervorhebungen im
Original). Im vorliegenden Fall muss das Handeln nicht
notwendigerweise auf das Verhalten anderer bezogen
sein.

[8] Die Möglichkeit der Zuordnung ist der Kern des Luhmann'schen Unterscheidungsansatzes.

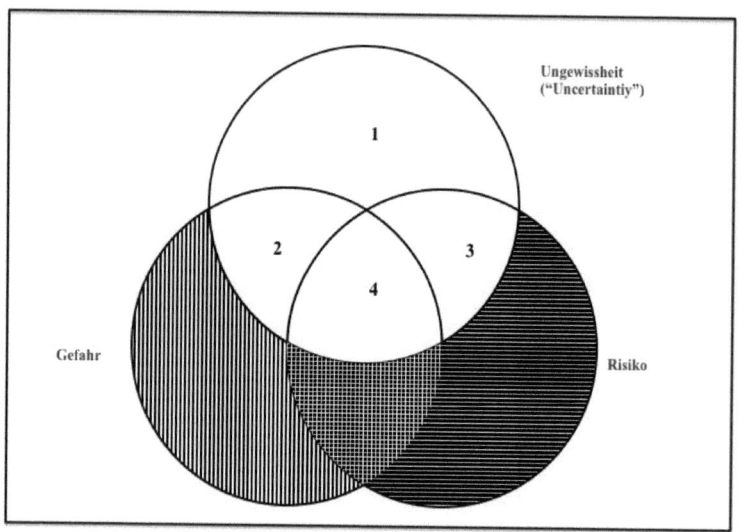

Abb. 2: Ungewissheit, Risiko und Gefahr (eigene Darstellung)

Deutlich wird, dass die Mengen der Gefahren und der Risiken keine Elemente enthalten, die nicht auch gleichzeitig der Menge der Ungewissheit zuzuordnen sind. Einige Ungewissheiten sind Gefahren, aber keine Risiken (2).[9] Genauso gibt es Risiken (3), die keine Gefahren sind,[10] und Ungewissheiten

---

[9] Beispielsweise das, was das Bundesministeriums des Innern (2009, S. 7) als kosmisches Ereignis bezeichnet – gegen einen Meteoriteneinschlag einer bestimmten Größe vorzusorgen ist unmöglich.

[10] Hier kann als Beispiel ein Kredit dienen, der aufgenommen wird, um mit dem Geld Aktien zu kaufen. Hier droht finanzieller Schaden, aber es lockt ein hoher Gewinn. Dies beschwört eine Art von Unsicherheit herauf, die eindeutig

(1), die weder Risiken noch Gefahren darstellen[11]. Darüber hinaus gibt es noch eine Schnittmenge von Risiken und Gefahren (4)[12], die logisch ebenfalls der Menge der Unsicherheiten zuzuordnen ist. Vorliegende Arbeit konzentriert sich auf Ungewissheiten vom Typus Risiko (3 + 4).

Risiken werden in allen Lebenssituationen eingegangen, privat wie geschäftlich. Vor allem im Geschäftsalltag ist es angebracht, *Risikomanagement* zu betreiben. Risikomanagement meint hier die Identifikation von und den zielgerichteten Umgang mit Risiken zum Zweck ihrer Kontrolle, ihrer Minderung und/oder ihres Ausschlusses. Das Risikomaß R lässt sich

---

handlungs- und entscheidungsbezogen ist, einem Verursacher zugeordnet werden kann, auf diesen begrenzt ist und Dritte in der Regel bestenfalls indirekt schädigt.

[11] Ob beim Sonnenaufgang am Sonntag in drei Wochen der Himmel bewölkt ist, ist ungewiss – aber keine Gefahr und auch kein Risiko.

[12] Diese Schnittmenge sind die sogenannten Neuen Risiken. Sie zeichnen sich unter anderem dadurch aus, dass sie zeitlich, sachlich, räumlich und – das ist bei der vorliegenden Fragestellung entscheidend – sozial entgrenzt sind. Das heißt, sie werden von Person A eingegangen (= Risikohandlung), aber Person B muss darunter leiden und hat keine Chance, sich zu entziehen (= Gefahr). Ein weiteres Charakteristikum Neuer Risiken ist, dass sie weder einem Verursacher gezielt zugeordnet werden können noch der durch sie potenziell eintretende Schaden kompensierbar ist.

aus dem Produkt von Schadenshöhe S und Eintrittswahrscheinlichkeit W ermitteln: $R = S \times W$. Diese *formal-normative Risikowahrnehmung* basiert auf statistischen Daten, verlässt sich auf die Gauß'sche Normalverteilung und wurde über die Finanzmathematik zu immer ausgefeilteren Modellen verarbeitet.

Diese Vorgehensweise ist jedoch nicht auf Finanz- und Kreditinstitute begrenzt, sondern findet branchenübergreifend mal explizit, mal implizit Anwendung. Der gravierende Nachteil: Für die Anwendung benötigt man eine ausreichend große Stichprobe, um die *Wahrscheinlichkeiten* zu prognostizieren. Und – dies ist vor allem Talebs (2007) Argument – das Modell trägt nicht, wenn ein nach den vorliegenden statistischen Daten nicht erwartbares Ereignis eintritt, das einen unfassbar hohen Schaden verursacht: ein sogenannter schwarzer Schwan. Ein schwarzer Schwan wird aufgrund der extrem geringen Eintrittswahrscheinlichkeit insgesamt keinen allzu hohen Risikowert erreichen[13], weshalb er in der Vergangen-

---

[13] Schwarze Schwäne sind auch typische Beispiele für die Experten-Laien-Differenz in der Risikowahrnehmung. Während Experten sich regelmäßig in ihrer Wahrnehmung auf die Eintrittswahrscheinlichkeit konzertieren, gilt die Sorge der Laien in der Regel der Schadenshöhe (u. a. Bechmann, 1993, S. XI f. sowie Luhmann, 1991, S. 11). Diese unterschiedlichen Sichtweisen zu vereinen kann nur

heit selten erfasst oder angemessen bewertet wurde.[14] Dies trifft insbesondere auf erstmalige Ereignisse zu, für die noch keine empirischen Daten vorliegen können.

In diesem Abschnitt wurden die beiden für vorliegende Arbeit wesentlichen Konzepte vorgestellt. In den folgenden drei Abschnitten wird jeweils eine der drei Hypothesen untersucht, die sich aus der Theorie vom Leitbild als Instrument des Risikomanagements ableiten lassen.

---

gelingen, wenn Experten von der rein quantitativen Betrachtungsweise abrücken, sich die qualitative der Laien zu eigen machen und in deren Sprache offen über die Chancen und Gefahren des jeweiligen Risikos sprechen – wobei dies verschiedene Paradoxien erzeugen kann (Otway & Wynne, 1993).

14 Offen bleibt, ob die aus den beiden prominentesten Schwarzen Schwänen der letzten Jahre – dem Zusammenbruch der Investmentbank Lehman Brothers (2008) einerseits und der infolge eines Tsunamis eingetreten Kernschmelze im Kernkraftwerk Fukushima (2011) andererseits – gezogenen Lehren nachhaltige Wirkung entfalten. Zumindest im Fall „Lehman Brothers" zeichnet sich verstärkt ein Bemühen ab, den Kredit- und Finanzsektor mit seinen wesentlichen Akteuren gegen extreme Ereignisse zu wappnen.

3 Unternehmensleitbilder als Beitrag zur Risikokultur

In diesem Abschnitt wird Hypothese 1 untersucht:

1. *Es gibt eine Schnittmenge zwischen dem Wirkungsbereich eines Leitbilds und dem Management von Risiken. Diese Schnittmenge sind die sogenannten operationellen Risiken.*

Dazu wird in einem *ersten Schritt* analysiert, welche *Ansatzpunkte* ein Leitbild haben kann und auf welcher organisatorischen Ebene diese sich bemerkbar machen, ebenso der Anspruch, den ein Unternehmensleitbild realistisch haben kann. Der *zweite Schritt* illustriert exemplarisch anhand von Praxisbeispielen, welche *Arten von Risiken* es gibt. Der *dritte Abschnitt* systematisiert die Risikoarten und beschreibt Ansatzpunkte zu deren Management. Hieraus ergibt sich die Schnittmenge der einzelnen Risikoarten zu dem Anspruch eines Unternehmensleitbilds; in der Schnittmenge befinden sich die *Risikoarten, die mittels eines Leitbilds zu steuern realistisch erscheint.*

3.1 Berührungspunkte von Unternehmensleitbildern und Risiken

Was ist der Wirkungsbereich eines Leitbilds? Wo setzt es an? Ein Leitbild setzt beim Menschen als gesellschaftlichem Akteur an, genauer bei seinen Handlungen. Es setzt Ziele und beschreibt Rahmenbedingungen, die – frei nach Kants kategorischem Imperativ – als Maxime für die Individuen gelten sollen, an die es adressiert ist. Im Idealfall folgen die Menschen in ihrem Verhalten den Vorgaben des Leitbilds. Ist dies der Fall, dann kann man das Leitbild als kausal für menschliches Verhalten sehen. Dass diese *Kausalität* tatsächlich existiert, ist die *Voraussetzung für alle weiteren Überlegungen* zur Nutzung von Leitbildern beim Management von Risiken – und für deren Verwendung insgesamt.

Die Vorgaben eines Leitbilds können unterschiedlicher Art sein – abstrakt und allgemeingültig oder durchaus konkret. Von einer Bejahung menschenwürdiger Arbeitsbedingungen in der gesamten Wertschöpfungskette als eigenständigem Wert bis hin zur Aufforderung zu absoluter Kundenorientierung rund um die Uhr und sieben Tage die Woche sind unzählige Möglichkeiten denkbar, wie ein Leitbild ausgestaltet werden kann. Diese *Inhalte und Vorgaben* können Risikothemen vollkommen außer Acht lassen und andere Aspekte hervorheben. Sie können sich aber auch auf Risiken erstrecken oder sogar durchaus im Widerspruch zu *Risikoerwägungen* stehen. Dies verdeutlicht nachstehendes Schaubild:

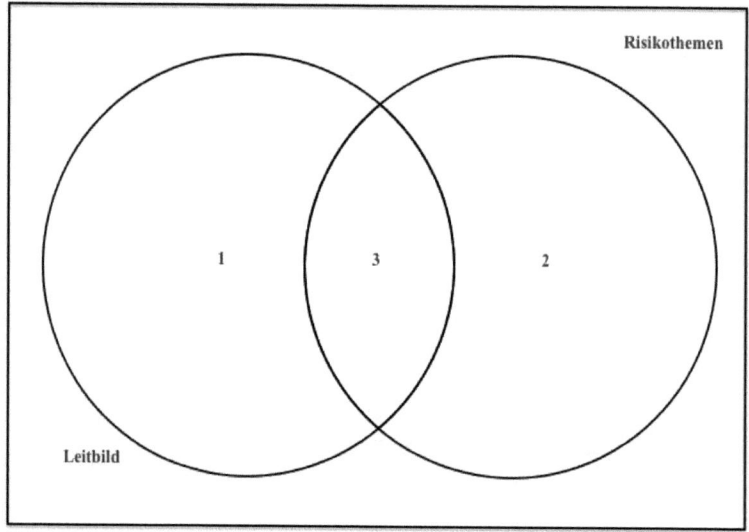

Abb. 3: Leitbilder und Risikothemen (eigene Darstellung)

Ein Leitbild hat erkennbar eine gewisse Schnittmenge zu Risikothemen (3), erstreckt sich aber nicht ausschließlich auf sie (1). Ebenso gilt, dass die Menge der Risiken Elemente enthält, die sich nicht oder bestenfalls indirekt über ein Leitbild beeinflussen lassen (2).[15]

Aus der Tatsache, dass ein Leitbild menschliches Verhalten beeinflusst und damit auch risikomindernd wirken kann, ergibt sich eine weitere Frage: *Auf welcher organisatorischen Ebene entfaltet sich die risikomindernde Wirkung?* Zunächst setzt die Verhaltensänderung auf individueller Ebene an; der einzelne Mitarbeiter agiert risikobewusster. Dies schlägt sich in den Prozessen nieder, in die er seine Arbeitsleistung einbringt. Gleichzeitig kann sein Verhalten beispielgebend auf Dritte wirken, insbesondere dann, wenn es sich bei dem Mitarbeiter um eine Führungskraft handelt.[16] Damit macht sich die Risikominderung in der Organisation gleichzeitig horizontal (d. h. entlang der Prozesse) und vertikal (d. h. entlang der Hierarchie) bemerkbar.

---

[15] Die Schnittmenge wird in Abschnitt 4 „Unternehmensleitbilder und Risikomanagement" genauer analysiert.

[16] Es steht zu vermuten, dass der insgesamt in der Organisation herrschende Stil eine ebenso weitreichende Wirkung hat – der aber seinerseits von einem Leitbild beeinflusst werden kann. LRN Corporation (2012a, S. 10 ff.) zufolge kann jede Organisation einem von drei Archetypen zugeordnet werden: blinder Gehorsam („blind obedience"), konkludente Zustimmung („informed acquiescence") und Selbstbestimmung („self-governance").

Jeder *Mitarbeiter* gehört per definitionem zum Erstreckungsbereich des Unternehmensleitbilds. Aus der Summe der einzelnen Mitarbeiter, die ihr Verhalten danach ausrichten –
hier: risikobewusst agieren – ergibt sich der Gesamteffekt.
Folglich beginnt die Risikominderung individuell und kann
schließlich als *Risikokultur* in die Organisation diffundieren.
Dies sollte jedoch nicht der einzige Ansatz sein, anhand dessen Unternehmen im Allgemeinen und Finanz- und Kreditinstitute im Besonderen versuchen sollten, eine Risikokultur zu
etablieren. Plender (2007) zeigt am Beispiel der Investment
Bank Goldman Sachs, dass es weitere, sehr effektive Mittel
zur Schaffung einer angemessenen Risikokultur gibt. Dazu
zählen unter anderem die Rechtsform des Unternehmens, die
Zusammensetzung des Aufsichtsrats und die Personalstrategie, anhand derer Führungskräfte entwickelt werden.[17]

---

[17] Plender (2007) deutet an, dies sei der Schlüssel, um weitreichende Krisen besser als die Wettbewerber und im
Idealfall sogar gestärkt zu überstehen.

3.2 Praxisbeispiele

Je präziser Inhalte und Vorgaben formuliert sind, desto offensichtlicher tritt die *Möglichkeit eines Widerspruchs* zutage. Man stelle sich folgende Situation vor.[18]

1) Frau Schulze ist Mitarbeiterin einer Vertriebseinheit und betreut als Key-Account-Managerin einen der wichtigsten Kunden eines beliebigen Unternehmens. Nun ist sie erkrankt und wird durch ihren Kollegen Herrn Meier vertreten. In genau diesem Moment tritt besagter Kunde an Herrn Meier heran und verlangt, ein neues Projekt unbedingt und ausschließlich mit seiner langjährigen Ansprechpartnerin zu erörtern. Da diese ihr dienstliches Mobiltelefon ausgestellt hat, ist sie nur über die private Telefonnummer zu erreichen. Folglich verlangt der Kunde, Herr Meier solle ihm die Nummer gefälligst geben, Frau Schulze und er hätten ja schon lang miteinander zu tun. In dem Zusammenhang sei auch die Privatanschrift interessant, er wolle ihr einen Blumenstrauß und Genesungswünsche schicken.

---

[18] Diese realen Beispiele wurden aus Gründen der Vertraulichkeit sowie zur Veranschaulichung leicht verändert.

Ein Leitbild mit einer absoluten Kundenorientierung bringt Herrn Meier nun in eine *Zwickmühle*: Er kann entweder dem Leitbild, das keine gesetzliche Norm darstellt, entsprechen und dem Wunsch des Kunden nachkommen, oder er kann mit Blick auf datenschutzrechtliche Bestimmungen, die sehr wohl gesetzlich verankert sind, dem Kunden den Wunsch abschlagen und dem Leitbild zuwiderhandeln. Diese Entscheidung wird ihm aufgebürdet und in der Praxis wird er selten Zeit haben, um sich bei seinem Vorgesetzten rückzuversichern und den Kunden auf eine Antwort warten zu lassen.

Unbedingte Dienstleistungsorientierung kann auch in anderen Konstellationen zu einem Problem für Unternehmen werden. Man stelle sich in einem anderen, nicht besonders großen Unternehmen erneut ein Leitbild vor, das Mitarbeiter zu einer konsequenten Dienstleisterperspektive anhält.

2) Ein Bestandskunde des Unternehmens bringt beständig Umsätze in niedriger bis mittlerer Höhe. Die Unternehmensleitung sieht die Chance, beträchtliche zusätzliche Umsätze zu generieren – unter der Voraussetzung, dass der Kunde für ein lange laufendes Projekt gewonnen werden kann. Dazu erstellt das Unternehmen in Absprache mit dem Ansprechpartner auf Kundenseite ein Konzept, das die Firma des Kunden von einer bestimmten In-

vestition überzeugen soll. Die Namen der Schlüsselpersonen des Kunden sind im Unternehmen wohl bekannt – insbesondere Frau Schimanski als Ansprechpartnerin aufseiten des Kunden für das Unternehmen – und zuvorkommendes Verhalten ist für die eigenen Mitarbeiter ein absolutes Muss.

Eines Abends ist Frau Schmidt, Mitarbeiterin des Unternehmens, die Letzte im Büro. Gegen 21.30 Uhr ist sie gerade im Begriff zu gehen, als das Telefon klingelt. Sie nimmt den Anruf entgegen – und hat Frau Schimanski am Apparat. Sie sei auf Dienstreise und käme weder in ihren dienstlichen Mail-Account noch auf den Firmenserver, müsse aber morgen das Konzept in einer wichtigen internen Runde vorstellen und habe keinen Zugriff darauf. Ob Frau Schmidt so nett wäre, ihr das Konzept an die private, namensbezogene E-Mail-Adresse zu schicken? Frau Schmidt arbeitet zwar nicht für diesen Kunden, kennt aber dennoch den Namen von Frau Schimanski, weiß um besagtes Konzept und die Wichtigkeit der potenziellen Umsatzsteigerung. Aus Gründen der Effizienz ist der Dateizugriff bei dem Unternehmen so geregelt, dass jeder Mitarbeiter auf alle Projekte Zugriff hat, damit bei personellen Umbesetzungen nicht erst langwierig bestimmte Freigaben erteilt werden müssen.

Im ersten Fall bringt das Leitbild den vertretenden Kollegen in eine *Konfliktsituation*, denn je nachdem, wie er sich entscheidet, birgt dies Angriffsfläche für Vorwürfe – seitens des Vorgesetzten und gegebenenfalls von Frau Schulze sowie vom Datenschutzbeauftragten des Unternehmens. Spätestens dann, wenn der Datenschutzbeauftragte den Vorgang an sich zieht und seinen gesetzlichen Anzeige- und Meldepflichten nachkommt, wird deutlich, wie schwierig hier die Abwägung ausfallen muss. Aus einer gut gemeinten Vorgabe im Leitbild wird für das Unternehmen ein juristisches Risiko (Verstoß gegen Regelungen des BDSG), ein Reputationsrisiko (beständige gesellschaftliche Kontroverse zum Thema Datenschutz) sowie ein finanzielles Risiko (der Verstoß gegen das BDSG kann mit einem Bußgeld geahndet werden).

Auch *im zweiten Fall* steht die Mitarbeiterin vor einem *Dilemma*. Die Zugriffsberechtigungen erlauben ihr, zuvorkommend zu agieren und eine dienstliche Datei an die private E-Mail-Adresse eines ihr persönlich unbekannten Dritten zu verschicken. Soll sie es tun, um dem Leitbild gerecht zu werden und dienstleistungsorientiert zu handeln? Oder stellt sie Risikoerwägungen in den Vordergrund (eine namensbezogene E-

Mail-Adresse kann sich schließlich jeder einrichten) und schlägt der Anruferin den Wunsch ab? Auch hier entsteht durch die im Leitbild propagierte Serviceorientierung eine Unsicherheitssituation für die Mitarbeiterin. Nun wird ihr Verhalten maßgeblich vom Klima abhängen, das im Unternehmen herrscht und vom Leitbild mit beeinflusst wird. Sie selbst kennt die Kundin nicht, soll vertrauliche Informationen an eine nicht abschließend verifizierbare E-Mail-Adresse schicken, kann sich aber uhrzeitbedingt nicht bei den für den Kunden arbeitenden Kollegen rückversichern.

Ihre Entscheidung kann und wird das zukünftige Verhältnis zum Kunden wesentlich beeinflussen. *Risikoerwägungen* können gegenüber der an sich dominanten Dienstleisterorientierung nur bestehen, wenn trotz derselben auch dem Thema Informationssicherheit Aufmerksamkeit geschenkt wird. Dies zeugte von Sensibilität gegenüber operationelle Risiken und gäbe ihnen ausreichend Raum, sodass eine für den Kunden unbequeme Entscheidung durch die Projektleitung sowie die eigene Geschäftsführung mitgetragen würde.[19]

---

[19] Wenn Risikoerwägungen durch die im Leitbild propagierte Dienstleistungsorientierung in den Hintergrund gedrängt werden, kann sich die Situation wie folgt weiterentwickeln: Frau Schmidt entschließt sich, Frau Schimanskis Bitte umgehend nachzukommen. Das, so glaubt sie, wird von

Deutlich wird: *Die Entscheidungen von Mitarbeitern, ihr Tun und Lassen, lässt Risiken entstehen, wegfallen oder begrenzt diese.* Häufig handelt es sich dabei um unbewusste Verhaltensweisen oder zumindest solche, die ohne eine spezielle Risikoperspektive erfolgen. Wenn ein Leitbild auch Risikothemen behandelt, dann kann es das Risikobewusstsein der Mitarbeiter wecken und so Schaden vom Unternehmen abwenden. Diese beiden Beispiele haben einen ersten Einblick in das Aufgabenspektrum von Risikomanagement gegeben. Das nächste Kapitel strukturiert dieses Themenfeld umfassender am Beispiel von Kredit- und Finanzinstituten.

3.3 Risikoarten am Beispiel von Kredit- und Finanzinstituten

Welche gesetzlichen Rahmenbedingungen gibt es für das Risikomanagement in Kredit- und Finanzinstituten? Welche Risi-

---

ihr erwartet – gerade von der eigenen Geschäftsführung. Die Anruferin – so stellt sich nachfolgend heraus – war jedoch keineswegs Frau Schimanski, sondern vielmehr eine Journalistin, die das durchaus sensible Konzept auszugsweise veröffentlichte. Zahlreiche andere Medien sprangen darauf an – mit verheerender Wirkung für den Dienstleister und den Kunden. Der Kunde beendete die Zusammenarbeit mit sofortiger Wirkung, was sich in der Branche verbreitete und zusätzlichen Reputationsschaden verursachte.

koarten werden durch (welche) Mitarbeiter unmittelbar beeinflusst? Insgesamt: Welche Risiken können mittels eines
Leitbilds beeinflusst werden? Diese Fragen sind nun Gegen-
stand des Interesses.

§ 25a KWG ist die *gesetzliche Grundlage*, die von Finanz- und
Kreditinstituten eine moderne Gesamtbanksteuerung fordert.
Dies umfasst das Controlling und Management von Markt-
preis- (MR), Kredit- (auch: „Ausfall"-) (KR), Liquiditäts- (LR)
und operationellen Risiken (OpRisk). 2005 veröffentlichte die
Bundesanstalt für Finanzdienstleistungsaufsicht (BaFin) die
sogenannten Mindestanforderungen an das Risikomanagement (*MaRisk*), die die Anforderungen aus § 25a KWG kon-
kretisieren. Seit Januar 2008 müssen Kreditinstitute die Ma-
Risk vollständig umsetzen. Marktpreis-, Kredit- und Liquiditätsrisiken resultieren in einem Kredit- oder Finanzinstitut
aus den Aktivitäten einiger, bestenfalls mehrerer Fachbereiche. Dies verdeutlicht nachfolgendes Schaubild:

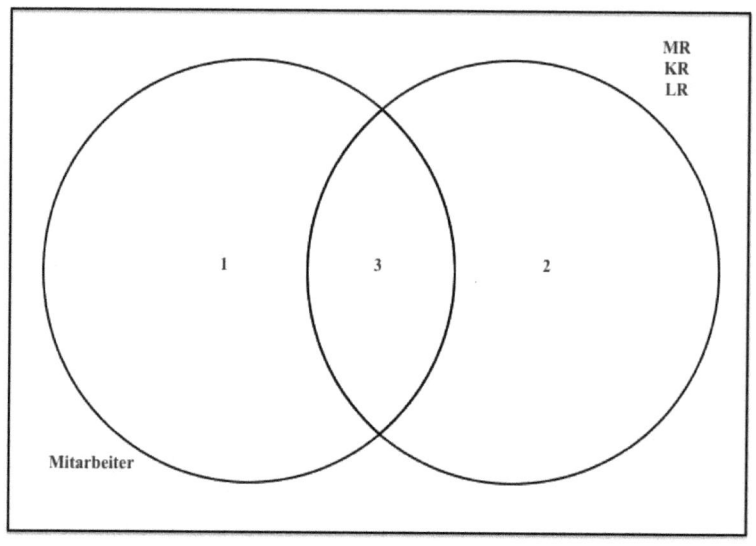

MR
KR
LR

1   3   2

Mitarbeiter

Abb. 4: Mitarbeiter und Risikoarten (eigene Darstellung)

Offensichtlich haben nur einige Mitarbeiter die Möglichkeit, die Risikoexposition in diesen Risikoarten zu beeinflussen (3). Die meisten kommen damit nicht in Berührung (1). Allerdings können diese Risikoarten nicht vollständig kontrolliert werden (2). Sobald man einen Kredit vergeben hat, muss man hoffen, dass der Kreditnehmer seinen Zahlungsverpflichtungen auch nachkommt. Wenn man ein (Finanz-)Produkt gekauft hat, kann man nur hoffen, dass der Markt sich für den Käufer positiv entwickelt. Weder die Zahlungsfähigkeit noch die Marktentwicklung können konsequent und legal beeinflusst werden. Hier ist die Bank in einer passiven Rolle; ihre einzige Chance besteht darin, dass die Auswahl des jeweiligen Geschäfts richtig war.

Das Liquiditätsrisiko kann sich als Folgerisiko der beiden bereits genannten Risiken manifestieren. Verstärkte Misserfolge führen dazu, dass die Bank weniger Geld verdient, was sich einerseits an sinkenden Cash Flows, andererseits in bilanziellen Abschreibungen manifestiert. Unter bestimmten Umständen müssen bereits getätigte Geschäfte auch mit zusätzlichem Eigenkapital hinterlegt werden. Die Summe der Misserfolge kann zu einem schlechteren Rating für die Bank, somit zu höheren Refinanzierungskosten und in der Folge gegebenenfalls zu verschlechterter Liquidität führen.

Die *Auswahl des richtigen Geschäfts* ist folglich der einzige Punkt, wo ein Leitbild zur Steuerung von Marktpreis-, Kredit- und Liquiditätsrisiken ansetzen kann. Es kann die Ausgestaltung der Strategien der Bank beeinflussen, indem es die Rahmenbedingungen der Unternehmensstrategie skizziert, aus der sich wiederum Risiko-, Kredit- und Portfoliostrategie ableiten. Ebenso kann es Mitarbeiter darin bestärken, strategiekonform zu handeln. Mit anderen Worten: *Marktpreis-, Kredit- und Liquiditätsrisiken sind über ein Leitbild nicht oder bestenfalls abstrakt-indirekt steuerbar.*

Damit rücken die operationellen Risiken in den Mittelpunkt der Betrachtung. Im Baseler Eigenkapitalakkord (Basel II) des Basel Committee on Banking Supervision (2006, S. 12-203) sind die operationellen Risiken im Wesentlichen in Säule I zu finden, die die *Mindestkapitalanforderungen* beschreibt.[20] Die dahinter liegende Grundidee ist einfach: Ein Kreditinstitut muss für jedes Risiko, dass es eingeht, eine bestimmte Summe als Sicherheit vorhalten. Je größer das Risiko, desto höher die Summe. Eller, Heinrich, Perrot & Reif (Hrsg.) (2010) definieren das operationelle Risiko als „die Gefahr von Verlusten, die in Folge der Unangemessenheit oder des Versagens von internen Verfahren, Menschen und Systemen und in Folge externer Ereignisse eintreten" (S. 109). Damit resultieren *operationelle Risiken* im Gegensatz zu Marktpreis-, Kredit- und Liquiditätsrisiken nicht aus den Aktivitäten einzelner Fachbereiche, sondern entspringen dem *Tun und Lassen jedes Mitarbeiters* (oder werden gänzlich von außen an das Unternehmen herangetragen).

---

[20] Die weiteren beiden Säulen regeln die aufsichtsrechtlichen Überprüfungsverfahren (Säule II; vgl. Basel Committee on Banking Supervision (2006, S. 204-225) und die Steuerung und Kontrolle der Marktdisziplin (Säule III; vgl. Basel Committee on Banking Supervision, 2006, S. 226-242).

Oben geschildertes Verständnis von operationellen Risiken findet in vorliegender Arbeit leicht abgewandelt Anwendung. Das von Eller et al. (2010, S. 109) vorausgesetzte Junktim von Unangemessenheit bzw. Versagen UND externen Ereignissen ist zwar zutreffend, aber zu eng gefasst. Der Grund dafür ist recht einfach und wird durch nachfolgendes Schaubild mengenlogisch illustriert:

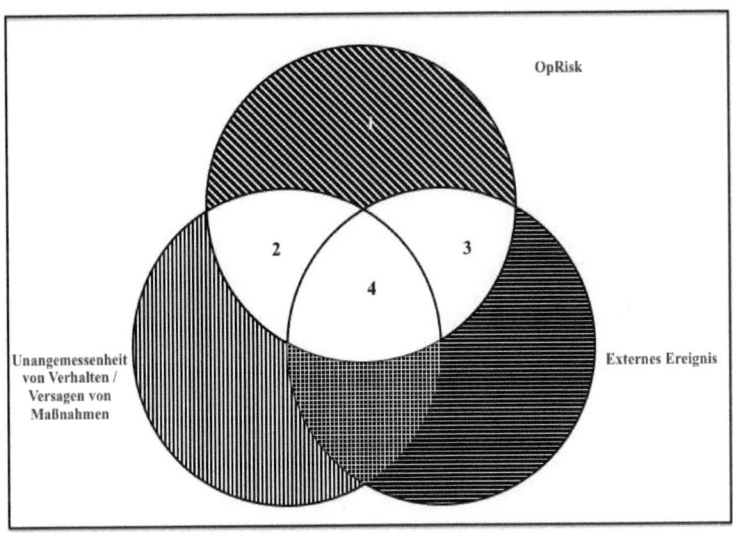

Abb. 5: Bedingungen von OpRisk (eigene Darstellung)

Fraglos wird ein operationelles Risiko schlagend, wenn z. B. Mitarbeiter Beratungsgespräche mit Kunden nicht ordnungsgemäß durchführen und gleichzeitig (!) die Medien bereits seit Längerem die Glaubwürdigkeit des betreffenden Unternehmens infrage stellen (4). Hier trifft ein Versagen von Menschen (das zu juristischen Auseinandersetzungen wegen Falschberatung führen kann) auf ein externes Ereignis (nämlich die bereits laufende Berichterstattung). Beide Aspekte – Versagen (2) und Berichterstattung (3) – sind bereits für sich genommen operationelle Risiken, deren Eintritt das Unternehmen im Idealfall vermeiden wird. Koinzidenz oder gar ein Junktim sind zwar hinreichende, aber nicht notwendige Bedingungen für ein operationelles Risiko. Umgekehrt gilt: Ohne Versagen oder externen Einfluss kein operationelles Risiko (1). Daher wird operationelles Risiko in vorliegender Arbeit definiert als die *Gefahr von Verlusten, die infolge der Unangemessenheit oder des Versagens von internen Verfahren, Menschen und Systemen ODER infolge externer Ereignisse eintreten.*[21] Dieses Verständnis ist leitend in den folgenden Abschnitten.

An dieser Stelle ist es hilfreich, sich nochmals die Einflussmöglichkeiten eines Leitbilds zu vergegenwärtigen. Ein Leitbild kann nur auf Risiken wirken, die in seinem Wirkungsbereich liegen, d. h. auf solche, die durch Mitarbeiter eines Un-

---

[21] Interessant ist, dass sich Eller et al. (2010) an anderer Stelle (S. 19) von der Forderung nach dem Junktim lösen und eine von beiden Alternativen (externes Ereignis oder Versagen) als hinreichend akzeptieren. Weniger wohlwollend formuliert: Eller et al. (2010) widersprechen sich.

ternehmens mehr oder minder direkt hervorgerufen oder mindestens im Fortgang beeinflusst werden können. Im oben genannten Beispiel liegt die mediale Berichterstattung (3) außerhalb der unmittelbaren Einflussmöglichkeiten eines Leitbilds. Folglich muss im weiteren Verlauf der Arbeit das Augenmerk auf den Mengen (2) und (4) liegen.

Dies zeigt: Es gibt tatsächlich eine *Schnittmenge zwischen dem Wirkungsbereich eines Leitbilds und dem Erstreckungsbereich des Risikomanagements*: die operationellen Risiken. Da Hypothese I damit bestätigt ist und die Risikoarten systematisiert sind, kann im nachfolgenden Abschnitt die zweite Hypothese untersucht werden.

4 Unternehmensleitbilder und Risikomanagement

Im vorangegangen Abschnitt wurde deutlich, dass ein Leitbild vor allem auf eine Risikoart wirken kann: auf die operationellen Risiken. Dieser Abschnitt untersucht Hypothese 2:

2. *Da sich die in der Schnittmenge befindlichen Themen hinreichend genau identifizieren lassen, können die Inhalte eines Leitbilds konkret darauf bezogen werden und so risikomindernd wirken.*

Dazu wird näher beleuchtet, welche Einzelrisiken unter OpRisk zu finden sind sowie direkt oder indirekt mittels eines Leitbilds thematisch aufgegriffen und gesteuert werden können.

4.1 Bestandteile und Steuerbarkeit von OpRisk

Eller et al. (2010, S. 109) systematisieren operationelle Risiken anhand ihrer Ursachen[22], der Ereignisse, die daraus resul-

---

[22] Dies sind interne Verfahren, Systeme, Menschen, externe Ereignisse.

tieren[23] und der Geschäftsfelder[24], in denen die Ereignisse auftreten können. Vereinfacht ausgedrückt:[25] Operationelle Risiken resultieren aus der *Biologie* (Ausfall von Personal), der *Physik* (Ausfall von Infrastruktur) oder aus *menschlichem* (Fehl-)*Verhalten.*

Die Autoren subsumieren damit unter operationellen Risiken beispielsweise Korruption, Diebstahl, IT-Ausfälle, Spionage oder menschliches Versagen. Dagegen zählen sie Streik – unzweifelhaft ein aus menschlichem Handeln resultierendes Risiko – nicht dazu. Auch das Reputationsrisiko verorten sie (neben „Führungsstil" und „Personal") bei den strategischen statt bei den operationellen Risiken (S. 28). Dies ist in sich nicht logisch, denn menschliches Handeln wird nur per definitionem zu einem Versagen. Es bedarf eines Maßstabs (z. B. offizielle Rechtsnormen oder interne Kodizes). Wenn aber

---

23 Beispielsweise Betrug, Sachschäden, Geschäftsunterbrechung und Systemausfälle.
24 Unter anderem Handel, Privatkundengeschäft und Firmenkundengeschäft.
25 Operationelle Risiken als bloße Summe aus Safety- und Security-Risiken zu definieren, wäre unzureichend, da dies beispielsweise Rechts- und Compliance-Risiken sowie einen beträchtlichen Teil des Reputationsrisikos außer Acht ließe. Für eine Abgrenzung von Safety- von Security-Risiken vgl. Steinbeis-Hochschule Berlin (Hrsg.) & Sack, D. R. (2010, S. 21 f.).

das menschliche Handeln insgesamt zu den operationellen Risiken zählt, dann umfasst es automatisch auch das Führungsverhalten, Streiks sowie das, was Eller et al. (2010) vermutlich mit „Personal" meinen (S. 28).

Wie verhält es sich aber mit dem *Reputationsrisiko*? Der Einfachheit halber sei Reputation verstanden als das, was andere über einen sagen, wenn man nicht dabei ist. Das Gesagte bezieht sich in der Regel auf das, was der nicht anwesende Dritte getan oder nicht getan, gesagt oder nicht gesagt hat oder haben soll. Damit setzt das Reputationsrisiko am Verhalten an; es ist sozusagen ein Folgerisiko und kann daher immerhin indirekt gesteuert werden. Wird das menschliche Verhalten (d. h. ein operationelles Risiko) gesteuert, wird damit bis zu einem gewissen Grad auch das Reputationsrisiko gemanagt.[26] Daher macht eine systematische Zuordnung außerhalb der operationellen Risiken wenig Sinn, weshalb in

---

[26] Die Einschränkung „bis zu einem gewissen Grad" ist erforderlich, weil auch bei vollkommen normgerechtem Verhalten nicht ausgeschlossen werden kann, dass sich jemand willentlich rufschädigend äußert. Unbestritten ist, dass dies strafrechtlich relevant werden kann (z. B. §§ 186, 187 StGB).

Konsequenz das Reputationsrisiko in vorliegender Arbeit ebenfalls den operationellen Risiken zugerechnet wird.[27]

Nun soll untersucht werden, für welche Einzelrisiken in einem Leitbild thematische Anknüpfungspunkte gegeben sind. Dazu ist es hilfreich, die bereits genannten Einzelrisiken (zu verstehen als Ursachenszenarien) zu ergänzen, sie einem Wirkungsszenario zuzuordnen und hinsichtlich ihrer Steuerbarkeit zu systematisieren. Der Begriff *Wirkungsszenarien* meint, dass ein und dieselbe Wirkung durchaus verschiedene Ursachen (eben die Einzelrisiken; im Folgenden auch *Ursachenszenarien* genannt) haben kann. Gängige Wirkungsszenarien sind der Ausfall von Personal (A), IT (B), Gebäuden und sonstiger Infrastruktur (C) und Dienstleistern/Providern (D).

Ergänzung, Zuordnung und Systematisierung geschehen in unten stehender, nicht abschließender und auf Finanz- und Kreditinstitute ausgerichteter Tabelle:[28]

---

[27] So wird es auch in verschiedenen Kredit- und Finanzinstituten praktiziert.

[28] Diese Aufstellung erweitert das sogenannte Wheel of Crises aus Mitroff & Alpaslan (2003, S. 8).

Ursachenszenario	Wirkungsszenario	Steuerbarkeit		
		ja	bedingt	nein
Falschberatung		x		
Sabotage (Innentäter)	A, B, C, D		x	
Betrug (Innentäter)	E		x	
Informationsdiebstahl (Innentäter)	E		x	
Informationsdiebstahl (Außentäter)	E		x	
Brandstiftung (Innentäter)	A, B, C, D		x	
Erpressung (Innentäter)	-		x	
Geldwäsche	E		x	
Verletzung der Limite (Handel)	E		x	
Katellabsprachen, z.B. zur Zinsmanipulation	E		x	
Diebstahl/Raub (Innentäter)	E		x	
Korruption/Vorteilsnahme	E		x	
Pandemie	A		x	
Streik	A		x	
Mobbing	E		x	
Gewalt am Arbeitsplatz	A, B		x	
Brain Drain	A		x	
Diebstahl/Raub (Außentäter)	-			x
Brandstiftung (Außentäter)	A, B, C, D			x
Betrug (Außentäter)	E			x
Erpressung (Außentäter)	-			x
Sabotage (Außentäter)	A, B, C, D			x
Terroristische Akte (Außentäter)	A, B, C, D			x
Stromausfall	B, C			x
Erdbeben	B, C			x
Starkregen	B, C			x
Schnee	B, C			x
Hochwasser	B, C			x
Feuer	B, C			x

Abb. 6: Steuerbarkeit von Ursachen-/Wirkungsszenarien
(eigene Darstellung)

Wirkungsszenarien spielen in einer wichtigen Teildisziplin von
OpRisk-Management eine entscheidende Rolle, und zwar im
sogenannten *Business Continuity Management* (BCM). Die
Deutsche Bundesbank/BaFin (2010) schreibt für Finanz- und
Kreditinstitute vor, dass sie für „Notfälle in zeitkritischen

Aktivitäten und Prozessen" (S. 14) Vorsorge treffen müssen. BCM dient damit dem Zweck, Vorsorgemaßnahmen für den Eintritt bestimmter Szenarien zu treffen – für den Eintritt der Wirkungsszenarien. Folglich sind Finanz- und Kreditinstitute dazu verpflichtet, für ihre *kritischen Geschäftsprozesse* Maßnahmen vorzusehen, damit beim Ausfall von Personal, IT, Gebäuden oder Providern die kritischen Geschäftsprozesse innerhalb einer bestimmten Zeit zumindest im Notbetrieb funktionieren. Ein weiteres, unter BCM-Gesichtspunkten aber nicht relevantes Wirkungsszenario ist der Reputationsschaden bzw. das Rechtsrisiko (E), zu erwarten als Folge verschiedener, meist doloser Handlungen. Monetäre Schäden werden nicht weiter untersucht, da sie bei allen Wirkungsszenarien (wenn auch in unterschiedlicher Höhe) auftreten. Damit stellen sie kein wesentliches Differenzierungskriterium dar.

4.2 Thematische Anknüpfungspunkte

Steuerbarkeit wird in Abbildung 6 für ein Ursachenszenario angenommen, wenn es durch fahrlässiges oder grob fahrlässiges Verhalten von Mitarbeitern ausgelöst wird und es keines externen Ereignisses bedarf. Bei Risiken, deren negative Wirkung mit voller Absicht herbeigeführt wird, kann bestenfalls von einer bedingten Steuerbarkeit ausgegangen werden.

Nähme man an dieser Stelle volle Steuerbarkeit an, würde man das Konzept Leitbild überfordern, denn dies implizierte, von einem Leitbild die Verhinderung von Straftaten mittels Bekehrung des potenziellen Täters zu erwarten. Eine solche Überforderung ist unbedingt zu vermeiden, weil die Nichterfüllung bestimmter Anforderungen dazu führen kann, dass die erfüllten ignoriert werden und so die Gesamtleistung nicht gewürdigt wird.

Bedingte Steuerbarkeit kann für aus Straftaten oder sonstigen exogenen Ereignissen resultierende Risiken insofern angenommen werden, als ein entsprechend ausgerichtetes Leitbild das Risikobewusstsein im Unternehmen stärkt, Mitarbeiter auf diese Weise für Risiken sensibilisiert sind und so potenzielle Straftaten schon früh erkennen. Früherkennung wiederum reduziert den Schaden, der daraus resultiert. Bedingte Steuerbarkeit wird ebenfalls angenommen, wenn ein Ursachenszenario nur im Zusammenspiel internen Fehlverhaltens und eines externen Ereignisses eintreten kann.[29] Die Unter-

---

[29] Hier kann Brain Drain als Beispiel angeführt werden, also der Verlust wichtigen Wissens durch die Abwanderung von Mitarbeitern. Das interne Fehlverhalten besteht dabei darin, dass Kopfmonopole zugelassen und die Kenntnisse der abwanderungswilligen Mitarbeiter nicht rechtzeitig kompensiert wurden. Dieses Risiko kann durch eine geeignete Personalstrategie gesteuert werden.

scheidung von Innen- und Außentätern ist relevant, weil manche Ursachenszenarien sowohl aufgrund Fehlverhaltens von Mitarbeitern als auch von Dritten eintreten können. Während Innentäter in ihrem Verhalten zumindest theoretisch zu einem gewissen Grad durch ein Leitbild beeinflusst werden können, befinden sich Außentäter außerhalb des Einflussbereichs eines Unternehmensleitbilds. Damit entfällt selbst der theoretische Einfluss.[30]

Da die vorliegende Arbeit die Einflussmöglichkeiten eines Unternehmensleitbilds beim Management von Risiken untersucht, werden Ursachenszenarien, die als nicht steuerbar klassifiziert sind, im Folgenden nicht weiter betrachtet. Daher liegt der *Fokus* auf dem Ursachenszenario, das steuerbar ist (*Falschberatung*) und auf denen, bei denen von einer bedingten Steuerbarkeit ausgegangen wird.

---

[30] Das Leitbild oder zumindest die Werte können auch mit in eine Betriebsvereinbarung (z. B. „Ordnung des Unternehmens") integriert werden. Bei Arbeitsverträgen wird i. d. R. darauf verwiesen, sodass arbeitsrechtliche Konsequenzen damit grundsätzlich möglich sind. Dies erhöht die Verbindlichkeit des Leitbilds. Ein weiteres Instrument zur Steuerung der Leitbildwerte ist ein Code of Conduct. Auch damit steigt die Awareness in einem gewissen Grad.

4.2.1 Steuerbare Ursachenszenarien

Direkt steuerbar ist (hauptsächlich) das Ursachenszenario der Falschberatung und damit der Reputationsschaden sowie das Rechtsrisiko, das daraus resultiert. Falschberatung liegt dann vor, wenn eine Bank einem Kunden ein Produkt verkauft, das seiner Risikoneigung, der gewünschten Anlagedauer, Anlageform oder Anlageerfahrung zuwiderläuft.[31] Welche Ursachen kann Falschberatung haben? Welche davon können mit einem Leitbild beeinflusst werden? Welche Akzente muss ein Leitbild dazu setzen?

Um sich dem Ursachenszenario zu nähern, ist es hilfreich, beim Wirkungsszenario anzusetzen: beim *Rechtsrisiko* und dem damit verbundenen *Reputationsschaden*. Das Rechtsrisiko wird dann schlagend, wenn ein Kunde der Auffassung ist, falsch beraten worden zu sein, mit dieser Auffassung vor

---

[31] An dieser Stelle ist eine Einschränkung angebracht: Falschberatung wird in der Regel nur dann durch den Kunden oder die Medien moniert, wenn der Kunde dadurch weniger Geld verdient als gedacht bzw. sogar welches verliert. Seltsamerweise sind keine Fälle bekannt, in denen ein Kunde eine Bank verklagte, weil er mit einem eigentlich nicht gewünschten Produkt mehr Geld als erhofft verdiente. Deshalb müssen sich die Betrachtungen dieser Arbeit auf solche Fälle richten, in denen der Kunde eine geringere als die gewünschte Rendite erzielt.

Gericht bzw. an die Presse geht und die Bank ihm nicht eindeutig beweisen kann, dass keine Falschberatung vorliegt. Wohlgemerkt ist eine tatsächlich erfolgte Falschberatung gar nicht einmal notwendig, damit ein unzufriedener Kunde die Öffentlichkeit sucht. Allerdings werden Rechts- und Reputationsrisiko drastisch sinken, wenn die Bank nachweisen kann, dass sie den Kunden korrekt beraten hat. Das bedeutet, man muss zunächst zwischen ausschließlich *kundenseitig wahrgenommener und tatsächlich erfolgter Falschberatung differénzieren*. Gegen die Folgen aus Ersterer kann sich die Bank schützen, indem die Berater die Kundengespräche ordnungsgemäß dokumentieren müssen.[32]

Bleibt noch die *tatsächliche Falschberatung*. Hier muss zwischen vorsätzlicher Falschberatung und solcher, die fahrlässig oder grob fahrlässig erfolgt, unterschieden werden. *Vorsätzliche Falschberatung* mit dem Ziel, den Kunden gezielt zu schädigen, ist sehr unwahrscheinlich, denn dazu bedürfte es einer persönlichen Beziehung zwischen Bankmitarbeiter und Kunden und vor allem eines Motivs. Deutlich wahrscheinlicher ist

---

[32] Dies ist seit 01.01.2010 durch § 31 Abs. 2 und 4 WpHG gesetzlich vorgeschrieben. Dabei sind verschiedene Angaben zu erfragen und zu dokumentieren, u. a. Risikoneigung, gewünschte Anlagedauer und Anlageerfahrung des Kunden.

dagegen, dass ein Berater aus Eigeninteresse einem Kunden ein Produkt empfiehlt, von dem er weiß, dass es dessen Wünschen nicht entspricht. Er nimmt dabei bewusst einen Schaden in Kauf – für den Kunden und indirekt über das Rechtsrisiko und den Reputationsschaden für seinen Arbeitgeber.

Für vorsätzliche Falschberatung sind auch jenseits des Wunschs, den Kunden gezielt zu schädigen, verschiedene Gründe denkbar. Zunächst muss sicherlich Eigeninteresse in Form von Gier genannt werden; neben dem Festgehalt bekommen Berater häufig eine variable Vergütung, die sich nach den erzielten Umsätzen richtet. Des Weiteren kommt der Druck infrage, unbedingt Umsatz generieren zu müssen. Dieser Druck entsteht, wenn die Ziele einerseits so ambitioniert sind, dass sie bei vorherrschenden Rahmenbedingungen mit „regulären" Verkäufen nicht zu erreichen und andererseits für Beurteilungen und damit den weiteren Werdegang des Beraters relevant sind. Das Anreizsystem erhöht unter diesen Umständen das Risiko.

(Grob) fahrlässige Falschberatung liegt vor, wenn ein Berater einem Kunden ein Produkt empfiehlt, ohne genau zu wissen, ob es dessen Wünschen gerecht wird. Entweder versäumt er, sich über die Wünsche des Kunden korrekt zu informie-

ren, oder er versteht das Produkt, das er dem Kunden empfiehlt, nicht. Er nimmt dabei einen Schaden billigend in Kauf –
auch hier für Kunden und Arbeitgeber. Die für ein solches
Verhalten infrage kommenden Gründe sind dieselben wie bei
Vorsatz, allerdings ergänzt um einen wichtigen weiteren:
unzureichende Qualifikation des Beraters. Der Berater muss
in der Lage sein, auf die Wünsche und Bedürfnisse des Kunden einzugehen und die für diesen passenden Produkte zu
empfehlen. Dies setzt verschiedene Kompetenzen voraus.
Der Berater muss dafür geschult sein, die Bedürfnisse des
Kunden korrekt zu ermitteln. Und er muss fähig sein, das
passende Produkt für dieses Bedürfnis auszuwählen. Dies
setzt wiederum zweierlei voraus: Beratungskompetenz einerseits und Produktverständnis andererseits.

Die Verantwortung hierfür liegt sowohl bei der Bank – dem
Arbeitgeber – als auch beim Berater als dem Arbeitnehmer.
Zur *Organisationsverantwortung* der Geschäftsleitung des Ar-
beitgebers gehört, die Mitarbeiter entsprechend ihrem Auf-
gaben- und Verantwortungsbereich zu qualifizieren. Der Berater selbst darf guten Gewissens nur die Produkte verkau-
fen, die er auch versteht. Erhält er Vorgaben, bestimmte
Produkte zu vertreiben, die er nicht versteht, dann muss er

seine Vorgesetzten darauf hinweisen und sie so in die Lage versetzen, ihn entsprechend zu schulen.[33]

Außer dem *Eigeninteresse* in Form von Gier bieten alle Ursachen für tatsächliche Falschberatung Aspekte, die ein Leitbild beeinflussen kann. Vorschläge zeigt nachfolgende Tabelle:

Ursache	Ansatzpunkt	Handlungsoption
Gier	Personalauswahl	Assessment durch Psychologen vor Einstellung (kein Leitbild-Aspekt)
Vertriebsdruck	Vertriebsvorgaben	Wohl des Kunden im Leitbild festschreiben und in Vertriebsstrategie berücksichtigen (relevante Inkonsistenz vermeiden)
		Mündigen Mitarbeiter nicht nur fordern, sondern fördern (relevante Inkonsistenz vermeiden)
	Anreizsystem	Kundenzufriedenheit als Indikator für "Wohl des Kunden" nutzen und gegenüber Umsatz als Kriterium übergewichten (relevante Inkonsistenz vermeiden)
Mangelnde Qualifikation	Selbstbewusstsein des Mitarbeiters	Mündigen Mitarbeiter nicht nur fordern, sondern fördern (relevante Inkonsistenz vermeiden)
Unsaubere Dokumentation	Sorgfalt des Mitarbeiters	Sekundärtugenden fordern und belohnen

Abb. 8: Ansatzpunkte zur Vermeidung von Falschberatung (eigene Darstellung)

So sind zu *ambitionierte Vertriebsvorgaben*[34] das Resultat der Vertriebsstrategie, die letztlich auf die Unternehmensstrate-

---

[33] Die Umfrageergebnisse aus LRN Corporation (2012, S. 8) verdeutlichen, dass es für drei Viertel der Befragten oberste Priorität sei, Mitarbeiter zu ermuntern, Missstände offen anzusprechen. Dies sei unabdingbar, wolle man Ethik und Compliance in Linie mit den Unternehmenszielen bringen. Die Umfrage gibt wieder, was Führungskräfte aus 175 Unternehmen als größte Herausforderung sehen und wie sie damit umgehen wollen.

gie zurückzuführen ist – und die wiederum auf das Leitbild. Inhalte des Leitbilds müssen sich – sofern es gelebt wird – zwangsläufig auf die Unternehmens- und damit alle nachgelagerten Strategien auswirken. Tritt hier eine *relevante Inkonsistenz in Form einer Diskrepanz zwischen Leitbild und Vertriebsstrategie* offen zutage, dann sind mündige Mitarbeiter gefordert, die darauf hinweisen. Ein Leitbild kann immerhin eine Unternehmenskultur skizzieren, die mündige und verantwortungsfreudige Mitarbeiter wünscht und sie ermuntert, auf relevante Inkonsistenzen hinzuweisen.

Wie stark die Bereitschaft ausgeprägt ist, den Umsatz zu steigern, hängt wesentlich von den *Anreizsystemen* ab. Saez (2012, S. 127) zeigt, dass Banken mit Blick auf den Faktor Vertrauen hier zwischen zwei Problemen – Shirking[35] und Fehlinvestitionen – abwägen müssen. Das Anreizsystem hängt

---

[34] Dass ambitionierte Vertriebsvorgaben wichtig sind, ist unbestritten, da der Zweck eines Unternehmens darin besteht, Geld zu verdienen – was nicht ohne Umsätze geht. Hier bewegen sich Unternehmen und insbesondere Banken im schwierigen Spannungsfeld zwischen Renditeerwartungen, Ertrag- und Kostenverhältnis und Kundenzufriedenheit.

[35] Unter Shirking ist der Umstand zu verstehen, dass sich unter bestimmten Umständen individuelle Leistung nicht eindeutig messen lässt, was durch den offensichtlich fehlenden Anreiz zu reduzierter Produktivität – hier: schlechter Umsatz – führen kann (Saez ,2012, S. 126).

eng mit den Vertriebsvorgaben zusammen. Macht ein Unternehmen – auch beim Vertriebspersonal – den erzielten Umsatz zum alles entscheidenden Kriterium, dann erhöht es indirekt massiv das operationelle Risiko. Es setzt das Vertrauen des Kunden aufs Spiel und riskiert Rechtsstreitigkeiten, Kompensationszahlungen sowie beträchtlichen Reputationsverlust.

Eine *unsaubere Dokumentation der Beratung* wird spätestens dann zu einem Risiko, wenn es zu Rechtstreitigkeiten kommt und die Bank nachweisen muss, ordnungsgemäß beraten zu haben. Auch ohne einen Rechtsstreit kann mangelhafte Dokumentation zu einem Problem werden. Wirtschaftsprüfer und BaFin sind auch für diesen Aspekt prüfberechtigt. Da die Dokumentation mitunter als zeitraubender administrativer Akt empfunden wird, ist die Bereitschaft dazu häufig nur in gewissem Umfang vorhanden. Hier sind entweder klare, verbindliche Regeln mit entsprechenden Sanktionen im Falle eines Verstoßes gefordert oder der weichere Weg der Überzeugung, nämlich mittels Leitbild an die sogenannten Sekundärtugenden zu appellieren.

4.2.2 Bedingt steuerbare Ursachenszenarien

Um die Risikokomponente in diesem Konstrukt zu verstehen, kann an dieser Stelle hilfreich sein, sich nochmals die definitorischen Unterschiede von Gefahr und Risiko zu vergegenwärtigen. Eine Gefahr ist eine bestimmte Form der Ungewissheit, der man mehr oder minder passiv gegenübersteht. Ein Risiko ist eine Form der Ungewissheit, die durch aktives menschliches Zutun gekennzeichnet ist. Bei vielen bedingt steuerbaren Risiken müssen Mitarbeiter auf ein exogenes Ereignis reagieren. Hierbei ist das exogene Ereignis die Gefahr, die Reaktion das Risiko.

Derartigen Gefahren (Brand, Erdbeben, sonstige Naturgewalten) und Risiken (durch Dritte intendiertes Fehlverhalten, z. B. Straftaten) lässt sich am besten mit *Präventionsmaßnahmen* begegnen. Diese können darauf zielen, den Schadeintritt gänzlich zu verhindern oder in seiner Wirkung zu begrenzen. Die Präventionsmaßnahmen können entweder technischer Natur sein oder an den Prozessen bzw. am Mitarbeiter selbst ansetzen. Während Technik nicht durch ein Leitbild beinflussbar ist, trifft dies aber für Mitarbeiter und Prozesse – da von Menschen durchgeführt – zu. Die Bedeutung der Früherkennung wurde bereits betont; sie trifft mit allen Schlussfolgerungen auch hier zu. Das heißt, ein *Leitbild* sollte Themen wie beispielsweise Achtsamkeit und Sorgfalt betonen – aber auch Charakterstärke und Eigeninitiative zulassen. In bestimmten Notfällen – die Brandmeldeanlage wurde ausgelöst und schallt durch das Gebäude – stehen Menschenleben auf dem Spiel (= exogenes Ereignis = Gefahr). Wenn ein Vorgesetzter, ausgehend von einem Fehlalarm, diese Aufforderung, mit seiner Abteilung das Gebäude sofort zu räumen, ignoriert (= Risiko), dann müssen Mitarbeiter couragiert handeln. Das Leitbild kann also nicht die Gefahr als solche – den Brand – verhindern, aber den Umgang damit: das Risiko, dass Menschen dabei unnötig gefährdet werden.

Ebenso kann ein Leitbild nicht gänzlich verhindern, dass vorsätzliche Überschreitung der Handelslimite[36], Zinsmanipulationen im großen Stil[37] oder Geldwäsche zu Themen werden.

---

[36] Ein Handelslimit regelt, welche Art von Produkt und bis zu welcher Höchstsumme ein Händler innerhalb einer bestimmten Zeit (in der Regel ein Tag) handeln darf. Durch vorsätzliche Überschreitung seines Limits und Verschleierung von Verlusten verursachte ein Händler der Schweizer Großbank UBS mehrere Milliarden Euro Verlust. In der Folge überarbeitete die Bank ihr Risikomanagement und der Vorsitzende des Verwaltungsrats trat zurück. Der Händler wurde zu mehreren Jahren Haft verurteilt („UBS-Händler zu sieben Jahren Haft verurteilt", 2012).

[37] Im Sommer 2012 wurde bekannt, dass verschiedene Banken über Jahre durch Absprachen den LIBOR (London Interbank Offered Rate) manipulierten. Der LIBOR ist der

Für solche Fälle schreiben Normen wie das *Geldwäschegesetz* (GWG) sowie die Mindestanforderung für Compliance *(MaComp)* bestimmte Präventionsmaßnahmen vor. Wenn Mitarbeiter diesen aber gezielt zuwiderhandeln, steigt die Bedeutung der Kontrollprozesse – und der daran beteiligten Mitarbeiter. Die kontrollierenden Mitarbeiter dürfen keine Scheu und falsch verstandene Loyalität gegenüber dem betreffenden Kollegen zeigen, sondern müssen Fehlverhalten schonungslos aufdecken. Ein Leitbild kann ihnen die Arbeit merklich erleichtern, indem es normenkonformes Verhalten explizit goutiert (obwohl so etwas eigentlich eine Selbstverständlichkeit sein sollte). Dies kann das Ansehen der Kontrolleure unternehmensweit verbessern und ihnen so die Arbeit erleichtern.[38]

Sorgfältig durchgeführte Kontrollen können grundsätzlich bei allen Prozessen dazu führen, dass bestimmte wichtige Prozessschritte korrekt ausgeführt und so potenzielle Schäden

---

Zinssatz, zu dem sich Banken untereinander Geld leihen. Dies wurde möglich, weil das Personal in den Aufsichtsbehörden möglicherweise nicht ausreichend qualifiziert war („Manipulation der Libor-Zinssätze", 2012).

[38] Je nach Schwere eines Verstoßes gegen das Leitbild sind z. B. Abmahnungen oder gar strafrechtliche Konsequenzen denkbar – sofern auch „harte" Normen dadurch verletzt werden.

vermieden werden. Ein klassisches Beispiel ist das Konzept des *internen Kontrollsystems* (IKS). Das Funktionsprinzip ist recht simpel und in der Kredit- und Finanzwirtschaft mehr oder minder Standard: Ein Unternehmen beschreibt alle einem bestimmten Zweck dienenden Tätigkeiten in Form eines Prozesses. Dabei ergeben sich zwangsweise einzelne Arbeitsschritte und Zwischenergebnisse. An besonders wichtigen Zwischenergebnissen oder Arbeitsschritten werden nun Kontrollpunkte gesetzt und die durchzuführenden Kontrollen inkl. Zweck, Art, Zuständigkeit und Kontrollrhythmus beschrieben. Das Ergebnis der Kontrolle kann durch einen Dritten überprüft werden.

Auch hier ist die Kontrolle nur so gut wie die Menschen, die sie durchführen. Die Qualität steht und fällt mit der *Sorgfalt der handelnden Mitarbeiter* – was erneut in einem Leitbild festgehalten werden kann. Während mit Themen wie Handelslimitüberschreitung, Zinsmanipulationen oder Geldwäsche nur Mitarbeiter aus einigen wenigen Unternehmensbereichen in Berührung kommen, erstreckt sich das IKS wieder auf alle Bereiche.

Dieser Abschnitt zeigte, dass sich die in der Schnittmenge zwischen Leitbild einerseits und Risiken andererseits befindlichen Themen identifizieren lassen. Es zeigte sich aber auch, dass dadurch nicht automatisch von einer uneingeschränkten Steuerbarkeit der Risiken durch ein Leitbild ausgegangen werden kann, da es meist weitere, dem Einflussbereich des Leitbilds entzogene Faktoren gibt. Ungeklärt ist jedoch noch, welche Bedingungen erfüllt sein müssen, damit ein Leitbild – auch bei korrekter Themensetzung – seine risikomindernde Wirkung entfalten kann.

5 Relevante Inkonsistenzen unter OpRisk-Gesichtspunkten

Im vorangegangenen Abschnitt wurde herausgearbeitet, welche Themen – und damit Einzelrisiken – bis zu welchem Grad durch ein Unternehmensleitbild gesteuert werden können. Jetzt rückt die Frage nach den notwendigen Bedingungen dafür in den Mittelpunkt des Interesses – und damit die dritte und letzte Hypothese:

3. *Diese Risikominderung kann nur einsetzen, wenn die im Leitbild verankerten Inhalte auch tatsächlich gelebt werden – sonst wird ein Unterschied zwischen Anspruch und Wirklichkeit gegebenenfalls auch für Dritte sichtbar. Das zu mindernde Risiko würde nicht nur nicht gemindert, sondern vor allem das Reputationsrisiko signifikant gesteigert. Konsequenz: Das Vertrauen in das Unternehmen erodiert.*

Die wichtigste Bedingung dafür, dass ein Leitbild risikomindernd wirken kann, klingt theoretisch ganz einfach: *Anspruch und Wirklichkeit* müssen konsistent sein, das bedeutet, sie dürfen nicht allzu weit voneinander abweichen. Um dies zu veranschaulichen, wird zunächst beschrieben, wie relevante Inkonsistenzen zustande kommen und was sie kennzeichnet. Darauf aufbauend wird an einem klassischen Beispiel aus dem

Bankenumfeld analysiert, in welchen Schritten sich die relevante Inkonsistenz in der Praxis vollzieht und auswirkt.

5.1 Entstehung und Kennzeichen relevanter Inkonsistenzen

Das Verständnis von relevanten Inkonsistenzen folgt in vorliegender Arbeit Suchanek (2012): „Als relevant seien jene Inkonsistenzen bezeichnet, die von Vertrauensgebern als ‚Widerlegung' von Vertrauenswürdigkeit wahrgenommen und interpretiert werden, die mit anderen Worten zu einer Gefährdung, wenn nicht Erosion des Vertrauensverhältnisses führen" (S. 61). Suchanek (2012a) zufolge entsteht nachhaltige Kooperation zwischen einem Unternehmen und einem Dritten dann, wenn beide Parteien die Vertrauenserwartungen des jeweils anderen erfüllen. Die *Vertrauenserwartungen* der einen Seite sind normativer Art und das Ergebnis impliziter oder expliziter Versprechungen der anderen Seite. Während die eine Seite (hier der *Vertrauensgeber*) Mutmaßungen über die Handlungsbedingungen anstellt, in deren Rahmen die Vertrauenserwartungen erfüllt werden müssen, sieht sich die andere Seite (hier der *Vertrauensnehmer*) mit den tatsächlichen *Handlungsbedingungen* konfrontiert. Vertrauenserwartungen, Urteile und Annahmen treffen auf reale Handlungen und die Kommunikation über diese. Suchanek (2012a) zeigt, wie störungsanfällig dieses System ist. (Überzogene) Versprechungen des Unternehmens einerseits und andererseits (unzutreffende) Annahmen, die der Vertrauensgeber (z. B. der Kunde) über die Rahmenbedingungen anstellt, die für die Vertrauensnehmer (z. B. Mitarbeiter des Unternehmens) gelten, sind die systemischen Einfallstore dafür, dass Vertrauenserwartungen enttäuscht werden.

Srinivasan (2012) setzt die Problematik der relevanten Inkonsistenzen in einen organisationspsychologischen bzw. -soziologischen Kontext. Sie erörtert, inwiefern sich Unternehmen durch selbst gewählte Strukturen Inkonsistenzen aussetzen und welchen Beitrag Regelungen von Entscheidungsbefugnissen dazu leisten, gerade in Matrixstrukturen. Als Ursachen für relevante Inkonsistenzen identifiziert sie außerdem unterschiedliche Zielsetzungen der Akteure sowie die Art der Leistungsbeurteilung und Incentivierung.[39]

---

[39] Hirsch (2012) nennt als Anreize u. a. Geld, Freizeit und Aktienoptionen. Spannender als die Frage „was?" ist für vorliegende Arbeit aber die Frage, „warum" eine bestimmte Belohnung vergeben wird, d. h. weniger der Anreiz als das Anreizsystem. Er beschreibt hierzu folgendes Schema: (1) übergeordnetes Ziel → (2) Zielgruppe → (3) Bewertungsgrundlage/Fälligkeit → (4) Anreiz → (5) Belohnungfunktion. Der wichtigste Ansatzpunkt unter

Suchanek (2008, S. 12) erhebt mit Blick auf Leitbilder und relevante Inkonsistenzen ein wichtiges *Caveat*. Wenn sich ein Unternehmen entscheidet, ein Leitbild zu formulieren und schriftlich niederzulegen, muss es für zwei Punkte Sorge tragen: Primo, dass es das Leitbild über das Stadium bloßen bedruckten Papiers hinaus schafft. Secundo, dass die Alltagspraxis nicht im Widerspruch zu den im Leitbild niedergelegten Werten steht. Im ersten Fall wird es keine Relevanz entfalten, im zweiten wie ein zynisches PR-Instrument und damit außerordentlich kontraproduktiv wirken. In beiden Fällen – und das ist für die vorliegende Fragestellung relevant – wird es zum Management operationeller Risiken keinen positiven, im zweiten gar einen negativen Beitrag leisten.

Die *Kausalkette* ist simpel: Verantwortung kommt zum Ausdruck, indem Unternehmen sich mittels eines Leitbilds selbst binden und im Idealfall ihre Risiken professionell steuern. Beides stärkt das Vertrauen, das ihnen entgegengebracht wird, und erhöht so die Freiheitsgrade, die ihnen in einer Kooperationsbeziehung eingeräumt werden. Das *Leitbild* leistet auf zwei Ebenen wertvolle *Beiträge*. Auf der einen stützt es die Risikokultur des Unternehmens und trägt so zur *Früh-*

OpRisk-Gesichtspunkten ist vermutlich (3) Bewertungsgrundlage/Fälligkeit, gefolgt von (1) übergeordnetes Ziel.

erkennung von Risiken bzw. ihrer rechtzeitigen Steuerung bei. Dies reduziert den tatsächlich eintretenden Schaden. Auf der anderen Ebene wirkt ein Leitbild auf sämtliche *Strategien* der Bank, inklusive der Anreizsysteme. Dies kann – gerade im Kundenkontakt – ethisches Verhalten der Mitarbeiter fördern und so dazu beitragen, dass die Rechts- und damit die Reputationsrisiken sinken.

Deutlich wird jedoch auch, dass dazu relevante Inkonsistenzen unbedingt vermieden werden müssen. [40] Andernfalls kommt die skizzierte Kausalkette nicht zum Tragen, sondern wird vielmehr dazu führen, dass das Vertrauen erodiert, die Freiheitsgrade sinken und erst mühevoll wiederhergestellt werden müssen. Dieser Herausforderung müssen sich Banken spätestens seit 2008 und den seitdem zu beobachtenden Regulierungsbemühungen vorbehaltslos stellen.[41]

---

[40] Zwar identifiziert Suchanek (2012a) die Möglichkeit, dass eine relevante Inkonsistenz ignoriert wird. Dann jedoch handele es sich auch um keine solche. Hierzu ist aus Risikoerwägungen anzumerken, dass es keine tragfähige Strategie darstellt, darauf zu hoffen, eine Inkonsistenz werde ignoriert.

[41] Forderungen von Abgeordneten zur Offenlegung von Abfindungsregelungen – so jüngst im Zusammenhang mit der HSH Nordbank und ihrem ehemaligen Vorstandsvorsitzenden Jens Nonnenmacher – sind nur ein Beispiel von

5.2 Relevante Inkonsistenz am Beispiel von Kundenberatung

Suchanek (2012a) benennt verschiedene *Quellen relevanter Inkonsistenzen*: verschiedene Perspektiven der einzelnen Akteure, systemische Dilemmata, Eigeninteresse der handelnden Personen sowie übergeordnete Zwänge und schneller Wandel der geltenden Rahmenbedingungen. Im Zusammenhang mit den relevanten Inkonsistenzen bei der Beratung von Kunden werden gleich mehrere dieser Quellen sichtbar. Zunächst sind hier die unterschiedlichen Perspektiven zu nennen. Die Bank bezeichnet ihren Mitarbeiter als „Kundenberater" und verspricht so implizit eine mehr oder weniger neutrale Beratung. In der Perspektive des Kunden entsteht daraus der Anspruch auf eine solche.[42] Allerdings ist der Vorgang aus der Perspektive des Bankmitarbeiters keine neutrale Beratung, sondern ein Verkaufsgespräch. In dieser Situation muss es zwangsläufig zu einem Konflikt der Interessen der Beteiligten kommen.[43] Häufig blendet der Kunde auch die Rahmen-

---

vielen („HSH: Gründe fordern Details zur Abfindung", 2012).

[42] Aus Jost & Seibel (2012) geht hervor, dass sich die Branche dieser Erwartungshaltung bewusst ist.

[43] Loch, Sting, Huchzermeier & Decker (2012) zeigen, dass sich (wechselseitige) Fairness auszahlen kann.

bedingungen aus, die der Bankmitarbeiter vorfindet: Vertriebsdruck und Incentivierung sind hier zu nennen.

Gerade als falsch und nachteilig wahrgenommene Beratung kann zu einem beträchtlichen *Verlust an Vertrauen* führen – insbesondere dann, wenn das Leitbild öffentlich ist und eine besondere Kundenorientierung sowie/oder besondere ethische Maßstäbe propagiert. Das Gleiche gilt, wenn eine Bank mit Staatsgeldern gerettet wird, eine Obergrenze der Vorstandsgehälter in Kraft tritt – aber für bestehende Verträge, also für die Verursacher der Situation, nicht greift. In solchen Fällen besteht eine Diskrepanz zwischen Anspruch und Wirklichkeit. Tritt diese Diskrepanz offen zutage, erodiert das Vertrauen in die Bank. Da dies einen Kernbereich des Geschäftsmodells – das Verhältnis zwischen Kunde und Bank – berührt, kann unter anderem eine Beratungsleistung, die nicht das Kundenwohl in den Vordergrund stellt, den relevanten Inkonsistenzen zugeordnet werden. Diese Beobachtung trifft ebenso für das Beispiel der nicht gedeckelten Vorstandsgehälter zu.

Kundenorientierung und *Vertriebsvorgaben* können ein *Spannungsfeld* darstellen. Wenn ein Unternehmen sich in seinem Leitbild als besonders kundenorientiert darstellt, pauschale Vertriebsvorgaben zu einzelnen Produkten die Bedürfnisse der Kunden jedoch ignorieren, dann konterkariert das den Inhalt des Leitbilds und erhöht das operationelle Risiko in Form möglicher Falschberatung. Daher ist unbedingt darauf zu achten, dass sich die Kundenorientierung gegenüber dem Eigeninteresse der Mitarbeiter auch tatsächlich durchsetzen kann.

Solange das Interesse des Kunden dem Einkommen bzw. den Aufstiegschancen des Beraters „im Wege steht", wird sich der Berater nachvollziehbarerweise an seinem eigenen Wohl orientieren. Das Vertrauen des Kunden in die Bank leidet ebenso wie deren Wahrnehmung in der Öffentlichkeit. Anders ausgedrückt: Dadurch, dass die gegenwärtig *herrschenden Rahmenbedingungen* ein spezifisches Verhalten begünstigen, legen sie den Grundstein für die Reaktion des anderen Akteurs und gestalten damit die zukünftigen Rahmenbedingungen der Interaktion zwischen den beiden Parteien. Die Rahmenbedingungen müssen folglich ein Verhalten ermöglichen, das als Investition in wechselseitige soziale Beziehungen im Sinne Suchaneks (2008) gesehen werden kann.[44]

---

[44] Wenn ein Unternehmen seine Mitarbeiter im Leitbild als entscheidend für den Erfolg bezeichnet, aber nicht durch Schulungen und Qualifikationsmaßnahmen in sie investiert oder ihnen keine angemessenen Freiheiten einräumt (z. B. flexible Arbeitszeiten und -orte), kann man von einer wei-

Unternehmen im Allgemeinen sowie Kredit- und Finanzinstitute im Besonderen müssen darauf achten, relevante Inkonsistenzen zu vermeiden, vor allem, wenn sie operationelle, insbesondere Rechts- und Reputationsrisiken mindern wollen.[45] Dies können sie tun, indem sie durch ihr Leitbild und/oder ihr Verhalten keine Erwartungen erzeugen, die sie nicht erfüllen können; *Erwartungsmanagement* ist das Stich-

---

teren relevanten Inkonsistenz sprechen. Dies gilt auch, wenn ein Leitbild mündige und verantwortungsfreudige Mitarbeiter wünscht, Kritik aber nicht zulässt und eigenverantwortliches Handeln nach Kräften unterbindet. Diese beiden relevanten Inkonsistenzen unterscheiden sich in einem wesentlichen Punkt von der ersten, in welcher der Kunde unmittelbar der Leidtragende ist. Mitarbeiter als „Humankapital" zu bezeichnen, aber sie anders zu behandeln, bzw. Verantwortungsfreude zu propagieren, aber in der Praxis nicht zu honorieren, sind in erster Linie interne Themen, die nicht so schnell nach außen dringen. Zwar ist durchaus wahrscheinlich, dass auch hier der Kunde in irgendeiner Form der Leittragende sein wird – aber er wird nicht um die Umstände wissen, weshalb etwas so ist, wie es ist.

[45] Bei Finanz- und Kreditinstituten sind Ziel- und Leistungsvorgaben demnach von besonderer Bedeutung. Diese Vorgaben verantwortungsvoll zu setzen, ist mitunter für Führungskräfte nicht einfach. Daher bieten sich Vorgesetztenschulungen als ein Risikomanagementinstrument an – allgemein mit dem Thema „OpRisk", aber auch speziell für das Setzen von Zielvorgaben. Ein erster Schritt kann sein, die Ziele so weit wie möglich „SMART" zu gestalten, d. h. specific, measurable, achievable, relevant und timed.

wort. Gleichzeitig müssen sie alles daransetzen, tatsächliche Versprechen so gut wie möglich zu halten, – und wenn nötig, die dazu erforderlichen Rahmenbedingungen dahin gehend anpassen (Suchanek 2012a).

Diese Überlegungen stützen die dritte und letzte Hypothese.

Damit sind alle drei Hypothesen der vorliegenden Arbeit (vorläufig) bestätigt, sodass auch die zugrunde gelegte These als bestätigt gelten kann.

6 Zusammenfassung, Fazit und Ausblick

Die vorliegende Arbeit untersuchte diese These:

Ein Unternehmensleitbild ist ein Instrument zum Management operationeller Risiken. Indem es das menschliche Handeln positiv beeinflusst, kann es die Schäden verringern, die aus dem Handeln aller Mitarbeiter resultieren. Auf relevante Inkonsistenzen ist unter Risikomanagementgesichtspunkten besonders zu achten, da sie aus positiven Absichten negative Effekte potenziert erzeugen.

Dazu wurden zunächst die grundlegenden Konzepte von Leitbild und Risikomanagement vorgestellt. Die Konzepte lassen sich über die Risikoart der operationellen Risiken verbinden. *Operationelle Risiken* resultieren aus der Biologie, der Physik oder aus menschlichem (Fehl-)Verhalten. Der letzte Punkt bot den Ansatzpunkt für vorliegende Arbeit. Menschliches Fehlverhalten, das Auswirkungen auf andere Beteiligte hat, kann leicht Vertrauen beschädigen. Wiederholtes Fehlverhalten kann und wird zu einem ausgewiesenen Mangel an *Vertrauen* führen. Mangelndes Vertrauen zu managen kostet wiederum Geld. Es erfordert Kontrollprozesse, die von Mitarbeitern wahrgenommen werden müssen. Alternativ werden die Kontrollen sozusagen on top zu den eigentlichen Aufgaben bereits im Unternehmen befindlichen Mitarbeitern übertragen. Aber auch hier gilt: Je geringer der Grad des Vertrauens, desto höher der Kontrollaufwand. Damit besteht ein enger *Zusammenhang zwischen Risiko- und Vertrauensmanagement*. Für beides können Leitbilder genutzt werden.

Die Verantwortung zum Nachteil Dritter zu missbrauchen, gefährdet unweigerlich die eigenen Freiheitsgrade. Diese Erkenntnis musste und muss die Finanzindustrie wiederholt machen. Die Konsequenz aus von Eigennutz geleitetem Verantwortungs- und damit Vertrauensmissbrauch führte nicht umsonst dazu, dass es sich um eine mittlerweile stark regulierte Branche handelt. Nationale und internationale Regelwerke und Behörden versuchen, die Akteure so zu lenken, dass sie zukünftig das ihnen durch Dritte entgegengebrachte Vertrauen nicht mehr missbrauchen (können). Ein Leitbild als Instrument zum Risikomanagement zu begreifen bedeutet, es auf die *Anreizsysteme* wirken zu lassen. Zusammen mit einer entsprechenden Haltung der Mitarbeiter (auf die das Leitbild ebenfalls wirkt) können andere Anreizsysteme[46] Banken helfen, das Vertrauen zurückzugewinnen, das sie lange Zeit ge-

---

[46] Pink (2012) fordert, auch im Vertrieb weniger auf Provisionen zu setzen.

nossen haben. Sollte ihnen das gelingen, stabilisiert dies auch ihre *Refinanzierungsmöglichkeiten*.[47]

Der Weg zu dieser Erkenntnis und damit der Bestätigung der These dieser Arbeit führte über *drei Hypothesen*, die in jeweils einem separaten Abschnitt untersucht wurden. Zunächst wurde gezeigt, dass von den unterschiedlichen Risikoarten der Kredit- und Finanzwirtschaft vor allem die operationellen Risiken mittels eines Leitbilds gesteuert werden können. Danach wurde herausgearbeitet, dass auch innerhalb der operationellen Risiken ein Leitbild im Wesentlichen eine indirekte risikomindernde Wirkung entfalten kann. Dies kann nicht weiter verwundern: Ein Leitbild hat einen auf die eigenen Mitarbeiter beschränkten Wirkungsbereich, viele Risiken haben ihren Ursprung jedoch außerhalb des Unternehmens. Somit können nicht deren Ursachen beeinflusst werden, aber immerhin die Auswirkungen für das Unternehmen.

Abschließend wurden die Voraussetzungen untersucht, die erfüllt sein müssen, damit die risikomindernde Wirkung eines

---

[47] Möglicherweise war dies einer der Gründe für die Deutsche Bank unter Anshu Jain und Jürgen Fitschen, im Jahr 2012 einen Kulturwandel in der Bank zu propagieren. Vorausgegangen war noch unter Josef Ackermann die Übernahme der Postbank, mit der das Privatkundengeschäft gestärkt wurde.

Leitbilds nicht in ihr Gegenteil verkehrt wird. Die wesentliche Voraussetzung besteht in der Vermeidung relevanter Inkonsistenzen. Diese lassen sich durch ein vernünftiges Erwartungsmanagement vermeiden, weil es Enttäuschungen verhindern kann. Ohne enttäuschte Erwartungen wird ein Kunde selbst ihm wenig sympathische Umstände zumindest als konsistent empfinden. Wenn aber Selbstbindung an bestimmte Verhaltensweisen, zum Beispiel anhand eines Unternehmensleitbilds, Erwartungen weckt, dann muss es im ureigenen Interesse des Unternehmens liegen, diesen Erwartungen gerecht zu werden. Nur auf diese Weise kann das Unternehmen ein entscheidendes Gut schützen: das ihm entgegengebrachte Vertrauen als die Grundlage jedes Geschäfts.

Im Entstehungsprozess dieser Arbeit wurde deutlich, dass das Thema (Unternehmens-)Leitbild unter wissenschaftlichen Gesichtspunkten noch weitgehend unbearbeitet ist. Dies betrifft weniger die theoretische Fundierung als vielmehr die *empirische Überprüfung der Wirksamkeit von Leitbildern*. Die empirische Überprüfung sollte ein dringendes Anliegen von Wissenschaft und Wirtschaft gleichermaßen sein. Im Falle bestätigender Daten erhalten Unternehmen valide Hinweise auf die Sinnhaftigkeit entsprechender Investitionen. Sollte die Wirksamkeit jedoch nicht belegt werden, können Unternehmen Fehlinvestitionen vermeiden. Bei einer Untersuchung der Wirksamkeit von Leitbildern wird es darauf ankommen, mit einer Stichprobe zu arbeiten, die nicht nur repräsentativ ist, sondern auch frei von sonstigen interessengeleiteten Einflüssen. Anders ausgedrückt: Profitorientierte Beratungen, die Unternehmen bei der Entwicklung von Leitbildern begleiten, werden aufgrund ihres Vertriebsinteresses die Daten womöglich verzerren.[48] Daher scheint es wenig ratsam, sie in die Wirkungsanalyse miteinzubeziehen, sondern diese in die Hände unabhängiger wissenschaftlicher Einrichtungen zu geben. Stattdessen kann es nach bestätigter Wirksamkeit sinnvoll sein, ein bestehendes Leitbild unter Risikomanagementgesichtspunkten erneut zu betrachten.

An einer anderen Stellen können Beratungen, sicherlich aber erneut wissenschaftliche Einrichtungen einen wertvollen Beitrag leisten: bei der Entwicklung eines belastbaren Verfahrens zur *Quantifizierung der Schäden, die durch Risikomanagement tatsächlich verhindert werden* können. Doch dies wird wohl nur ein frommer Wunsch bleiben. Unzureichend untersucht ist

---

[48] Dies muss noch nicht einmal absichtlich geschehen. Bereits die Auswahl der Fragen, der Aufbau des Abschlussberichts oder die Auswahl der präsentierten Daten können verzerrend wirken.

weiterhin, für welche anderen Aspekte der Unternehmensführung ein Leitbild nützlich sein kann.[49]

Nichtsdestotrotz kann ein gelebtes *Leitbild* positiv wirken:
*risikomindernd, Kundenbeziehungen stabilisierend, Vertrauen
fördernd* und damit in langfristiger Perspektive *Refinanzierungskosten senkend,* und zwar nicht nur in der Finanz- und
Versicherungswirtschaft. Insgesamt kann und wird es sicher
einen *Beitrag zur Etablierung einer Risikokultur*[50] in Unternehmen leisten. Wenn ein Unternehmen eine solche etablieren
will, darf es sich aber keinesfalls darauf als alleiniges Instrument verlassen.

Wesentlich effektiver dürfte es sein, durch *personelle Rocha-
den* das Bewusstsein für Risiken und Risikofaktoren bei den
Mitarbeitern sukzessive auszubauen. Um in der Hierarchie
eines Unternehmens aufzusteigen, kann man im Rahmen der
Personalentwicklung Stationen vorsehen, die explizit Aufgaben im Umgang mit Risiken mit sich bringen. Hier sind Fi-

---

[49] Da Vertrauen auch bei der Mitarbeitergewinnung und -
bindung ein wichtiger Faktor ist, sind Personal- und Mar-
ketingabteilungen über das Thema „Employer Branding"
weitere „Nutznießer" eines Leitbilds. Vertrauen kann hier
ein strategischer Wettbewerbsvorteil sein.

[50] Eine Risikokultur hängt immer auch von der Fehlerkultur
ab, die in einer Organisation herrscht. Auch zu einer ver-
nünftigen Fehlerkultur kann ein Leitbild beitragen.

nanz- und Kreditinstitute in einer komfortablen Position, da sie aufgrund ihres Geschäftsmodells zwangsläufig verhältnismäßig große Abteilungen besitzen, die sich mit dem Managen von Risiken befassen. Schwieriger wird dieser Ansatz für andere Branchen, insbesondere für *kleine und mittelständische Unternehmen* (KMU). Risikomanagementabteilungen gibt es hier in der Regel nicht. Auch wenn dies kein vollwertiger Ersatz ist, können Stationen in den Aufgabenbereichen Umweltschutz, Gesundheitsschutz, Arbeits- oder Unternehmenssicherheit (Environment, Health, Safety, Security – EHSS) oder auch Business Continuity Management[51] Nachwuchsführungskräfte mit täglichen, explizit risikobezogenen Aufgabenstellungen vertraut machen.[52] Dieser tägliche Umgang kann die Mitarbeiter nachhaltig prägen und so einen entscheidenden Beitrag zur Etablierung einer Risikokultur leisten. Auch Überlegungen, wie Führungskräfte und Mitar-

---

[51] Auch wenn Business Continuity Management nur für wenige Branchen explizit vorgeschrieben ist, hat es zweifelsohne branchenübergreifend seine Berechtigung. Ein anderer, branchenübergreifend anzutreffender und mit Risikothemen befasster Bereich ist IT-Security. Allerdings ist es für Quereinsteiger schwer, hier Fuß zu fassen, sodass dieses Gebiet als Durchlaufstation nur bedingt empfehlenswert scheint. Dies gilt auch für den Compliance- und den Rechtsbereich.

[52] Je nach thematischer Ausrichtung kann auch eine Tätigkeit als Revisor oder Auditor das Risikobewusstsein fördern.

beiter an den (positiven wie negativen) Konsequenzen ihre Entscheidungen stärker beteiligt werden können, können und sollten im Sinne der Schaffung einer Risikokultur voran getrieben werden.

Positive Wirkungen darf man aber nicht zu schnell erwarten. Auf konzeptioneller Ebene ist die Anpassung des Leitbilds die Voraussetzung für die Anpassung der Unternehmensstrategie, diese wiederum für die Überarbeitung aller nachgelagerten Strategien. Bis eine Änderung im Leitbild Wirkung zeigt, vergeht also mindestens die Zeit, die für die Überarbeitung des Leitbilds und der relevanten Strategien erforderlich ist. Daran schließt sich eine gewisse Implementierungsphase an, die –wünscht man eine vollständige Implementierung – wohl durchaus ein ganzes Jahr in Anspruch nehmen dürfte. Nach einem Jahr der Umsetzung der neuen Strategien lässt sich vergleichen, welche Veränderungen vertriebsseitig zu beobachten sind. Auf individueller Ebene kann und wird es je nach Unternehmenskultur wohl ebenfalls eine Weile dauern, bis sich neue Prinzipien und Grundsätze im Alltag etabliert haben. Sicher wird es in der Anfangszeit, wenn das Leitbild bekannt gemacht wird, einzelne schnelle Erfolge geben. Diese Erfolge und die zugrunde gelegte *Haltung* zu konservieren, vielleicht sogar zu *internalisieren*, ist die eigentliche organisationspsychologische und -soziologische Herausforderung.

Bis dahin ist es jedoch noch ein weiter Weg. Um diesen zu beschreiten, werden nicht nur Finanz- und Kreditinstitute die bereits erwähnte und von Suchanek in die Wirtschaftsethik eingeführte goldene Regel befolgen müssen, indem sie in die Bedingungen der gesellschaftlichen Zusammenarbeit so investieren, dass es auch tatsächlich zum gegenseitigen Vorteil ist. So können sie Vertrauen außen stehender Akteure zurückgewinnen, aber auch das der eigenen Mitarbeiter. Mit Blick auf beide Kategorien von Akteuren müssen sie ein Betriebsklima schaffen, in dem Mitarbeiter Fehler und unerwünschte Ergebnisse ohne Furcht vor negativen Konsequenzen offen und ehrlich kommunizieren können. Sie müssen Risiken zu einem Thema machen – und sie nicht zu einem Non-Thema verkommen lassen, denn auch die Kunden bzw. die Öffentlichkeit werden risikobewusste Unternehmen mit aufmerksamen Mitarbeitern, die das ihnen entgegengebrachte Vertrauen durch weitgehende Übereinstimmung von Verhalten und Versprechen rechtfertigen, honorieren.

Literaturverzeichnis

Bei online-Quellen beschreibt das Datum in eckigen Klammern das Datum des Abrufs.

Basel Committee on Banking Supervision (2006). International Convergence of Capital Measurement and Capital Standards. A Revised Framework Comprehensive Version. Basel, Schweiz: Bank for International Settlements.

Bechmann, G. (1993). Einleitung: Risiko – ein neues Forschungsfeld? In Ders. (Hrsg.). Risiko und Gesellschaft. Grundlagen und Ergebnisse interdisziplinärer Risikoforschung (S. VII-XXIX). Opladen, Deutschland: Westdeutscher Verlag.

Beck, U. (1986). Risikogesellschaft. Auf dem Weg in eine andere Moderne. Frankfurt/Main, Deutschland: Suhrkamp.

Bonß, W. (1995). Vom Risiko. Unsicherheit und Ungewissheit in der Moderne. Hamburg, Deutschland: Hamburger Edition.

Bundesministerium des Innern (2009). Nationale Strategie zum Schutz Kritischer Infrastrukturen (KRITIS-Strategie). In http://www.bmi.bund.de/SharedDocs/Downloads/DE/Broschueren/2009/kritis.pdf?__blob=publicationFile [09.12.2012].

Cube, F. von (1990). Gefährliche Sicherheit: Die Verhaltens-
biologie des Risikos. München, Deutschland/Zürich, Schweiz:
Piper.

Deutsche Bundesbank/BaFin (2010). Rundschreiben 11/2010
(BA) vom 15.12.2010. Mindestanforderungen an das Risikomanagement – MaRisk. In
http://www.bundesbank.de/Redaktion/DE/Downloads/Kernge
schaeftsfeld-
er/Bankenaufsicht/Marisk/2010_12_15_rundschreiben_minde
stanforder-
ungen_risikomanagement.pdf?__blob=publicationFile
[17.11.2012].

Dr. Werner Jackstädt Chair of Economic and Busines Ethics
(2012). Can Business Be Managed Without Trust? In: HHL
RESEARCH REPORT 2012 (S. 38 f.). Leipzig, Deutschland:
Handelshochschule Leipzig.

Eller, R., Heinrich, M., Perrot, R. & Reif, M. (Hrsg.) (2010).
Kompaktwissen Risikomanagement. Nachschlagen, verstehen
und erfolgreich umsetzen. Wiesbaden, Deutschland: Gabler.

Gates, S. & Nantes, A. (2006). Incorporating strategic risk
into enterprise risk management: a survey of current corporate practice. Journal of Applied Corporate Finance, 18 (4),

81-90.

Hirsch, B. (2012). Chapter 5: Wrap up and further practical insights. Vorlesung „Financial Analysis and Value-based Management", P7 [PowerPoint Slides]. Leipzig/Deutschland: Handelshochschule Leipzig.

HSH: Grüne fordern Details zur Abfindung (2012, 26. November). Die Welt (Hamburg), S. 1.

Jin, Y. & Jorion, P. (2006). Firm value and hedging: evidence from US oil and gas producers. Journal of Finance., 55 (1), 107-152.

Jost, S. & Seibel, K. (2012, 25. November). „Ich kämpfe immer wie ein Löwe". Welt am Sonntag, S. 51.

Jungermann, H. & Wiedemann, P. M. (1990). Ursachen von Dissens und Bedingungen des Konsens bei der Beurteilung von Risiken. Arbeiten zur Risiko-Kommunikation, H. 12., Jülich, Deutschland: Kernforschungszentrum Jülich.

Kaschner, H. (2008). Neues Risiko Terrorismus. Entgrenzung, Umgangsmöglichkeiten, Alternativen. Wiesbaden/Deutschland: VS Verlag.

Kotter, J. P. (2009). Das Prinzip Dringlichkeit. Schnell und konsequent handeln im Management. Aus dem Englischen von Birgit Schöbitz. Frankfurt/Main, Deutschland/New York, USA: Campus.

Krohn, W. & Krücken, G. (Hrsg.) (1993). Riskante Technologien: Reflexion und Regulation. Eine Einführung in die sozialwissenschaftliche Risikoforschung. Frankfurt/Main, Deutschland: Suhrkamp.

Loch, C. H., Sting, F.J., Huchzermeier, A. & Decker, C. (2012). Fairness zahlt sich aus. HBM, 10/2012, 67-74.

LRN Corporation (2012). 2011–2012 Ethics & Compliance Leadership Survey Report. New York, USA: LRN Corporation.

LRN Corporation (2012a). The How Report. A Global, Empirical Analysis of How Governance, Culture, and Leadership Impact Performance. New York, USA: LRN Corporation.

Luhmann, N. (1991). Soziologie des Risikos. Berlin, Deutschland/New York, USA: de Gruyter.

Luhmann, N. (1993). Risiko und Gefahr. In W. Krohn & G. Krücken (Hrsg.). Riskante Technologien: Reflexion und Regulation. Eine Einführung in die sozialwissenschaftliche Risikoforschung (S. 138-185). Frankfurt/Main, Deutschland: Suhrkamp.

Malcher, I. (2011). Das Reich der Fantasie. BrandEins, 9/2011, 100-103.

Manipulation der Libor-Zinssätze (2012). In http://www.compliancemagazin.de/gesetzestandards/deutschla nd/bundestagbundesregierung/deutscher-bundestag181212.html [09.12.2012].

Meyer, R. (2010). Vertrauen als Grundlage einer erfolgreichen Kundenbeziehung. Wiesbaden/Deutschland: Gabler.

Mitroff, I. I. & Alpaslan, M. C. (2003). Preparing for Evil. In HBR OnPoint 3388. April 2003. Harvard, USA: Harvard Business School Publishing Corporation.

Moss, C. (Hrsg.) (2009). Die Sprache der Wirtschaft. Wiesbaden/Deutschland: VS Verlag.

Nocco, B. W. & Stulz R. M. (2006). Enterprise risk management: theory and practise. Journal of Applied Corporate Finance, 18 (4), 8-20.

Otway, H. & Wynne, B. (1993). Risiko-Kommunikation: Paradigma und Paradox. In W. Krohn & G. Krücken (Hrsg.). Riskante Technologien: Reflexion und Regulation. Einführung in die sozialwissenschaftliche Risikoforschung (S. 101-112). Frankfurt/Main, Deutschland: Suhrkamp.

Perrow, C. (1987). Normale Katastrophen. Die unvermeidbaren Risiken der Großtechnik. Frankfurt/Main, Deutschland/New York, USA: Campus [Orig. Normal accidents. Living with high risk technologies. 1984].

Pink, D. (2012). Weg mit den Provisionen! HBM, 9/2012, 42.

Plender, J. (2007, 05. Dezember). Goldman's risk control officers right example of governance. Financial Times.

Reinmuth, M. (2009). Vertrauen und Wirtschaftssprache: Glaubwürdigkeit als Schlüssel für erfolgreiche Unternehmenskommunikation. In C. Moss (Hrsg.). Die Sprache der Wirtschaft (S. 127-145). Wiesbaden/Deutschland: VS Verlag.

Saez, M. (2012). Vertrauen in der Anlageberatung von Banken aus Sicht der ökonomischen Ethik. Dissertation zur Erlangung des akademischen Grades Dr. rer. oec. an der Handelshochschule Leipzig. Leipzig, Deutschland: HHL.

Salmon, W. C. (1983). Logik. Aus dem Englischen übersetzt von Joachim Buhl. Suttgart, Deutschland: Reclam [Orig.: Logic. Second Edition. 1973].

Sargut, G. & McGrath, R. G. (2011). Mit Komplexität leben lernen. HBM, 11/2011, 32-44.

Schneider, A. & Schmidpeter, R. (Hrsg.) (2012). Corporate

Social Responsibility. Verantwortungsvolle Unternehmensführung in Theorie und Praxis. Wiesbaden, Deutschland:
Springer Gabler.

Steinbeis-Hochschule Berlin (Hrsg.) & Sack, D. R. (2010).
Corporate Security – Standort-Security. Stuttgart, Deutschland: Steinbeis Business Academy.

Srinivasan, V. (2012). Exploring relevant inconsistencies in
organizations. Gastvorlesung vor P7 am 24.11.2012 [Power-
Point Slides]. Leipzig, Deutschland: Handelshochschule
Leipzig.

Suchanek, A. (2008). Verantwortung, Selbstbindung und die
Funktion von Leitbildern. Text auf Grundlage eines Vortrags
im Rahmen der Berufsrechtstagung 2007 „Berufsethik der
Steuerberater" vom 05. November 2007 in Berlin. Zur Ver-
fügung gestellt als unpaginierte pdf-Datei durch den Dr.
Werner Jackstädt Chair of Economic and Business Ethics der
Handelshochschule Leipzig.

Suchanek, A. (2012). Vertrauen als Grundlage nachhaltiger
unternehmerischer Wertschöpfung. In A. Schneider & R.
Schmidpeter (Hrsg.), Corporate Social Responsibility. Verantwortungsvolle Unternehmensführung in Theorie und Praxis (S. 55-66). Wiesbaden, Deutschland: Springer Gabler.

Suchanek, A. (2012a). Corporate Responsibilty in a Global-
ized World. P7, Fall 2012 [PowerPoint Slides]. Leipzig,
Deutschland: Handelshochschule Leipzig.

Suchanek, A. & Broock, M. von (2011). Konzeptionelle Über-
legungen zum „Leitbild für verantwortliches Handeln in der
Wirtschaft". Diskussionspapier Nr. 2011-2. Wittenberg,
Deutschland: Wittenberg-Zentrum für globale Ethik.

Taleb, N. N. (2007). The Black Swan. The Impact of the High-
ly Improbable. New York, USA: Random House.

Weber, M. (1976). Soziologische Grundbegriffe. 3., durchges.
Auflage. Tübingen, Deutschland: J. C. B. Mohr [Sonderaus-
gabe von Weber, M. (1972). Wirtschaft und Gesellschaft. 5.,
revidierte Auflage besorgt von Johannes Winckelmann (S. 1-
30.) Tübingen: Mohr].

UBS-Händler zu sieben Jahren Haft verurteilt (2012). In
http://www.handelsblatt.com/unternehmen/banken/urteil-
gegen-adoboli-ubs-haendler-zu-sieben-jahren-haft-verurteilt-
seite-all/7414528-all.html [09.12.2012].

WZGE (Hrsg.) (2010). Leitbild für verantwortliches Handeln
in der Wirtschaft. In http://www.verantwortlich-
handeln.com/download/120914_leitbild-
de_Unterschriften_o.pdf [09.12.2012].